WITHDRAWN

EL TERCER SECRETO
DE FÁTIMA

MARC DEM

EL TERCER SECRETO DE FÁTIMA

© Éditions du Rocher
© SUSAETA EDICIONES, S.A. (versión castellana)
Tikal Ediciones / Unidad Editorial
Rambla de la Llibertat 6-8
E-17004 Girona
Teléfono y Fax (972) 22 28 78
<tikal@lix.intercom.es>

Traducción: María Teresa López García
Diseño de cubierta: Antonio Tello
Impreso en la UE

ÍNDICE

1. Un misterio de treinta y seis años – El monje loco – El cofre del Santo Oficio   7

2. El murmullo de una tenue voz – Un trueno – Los niños encarcelados – Un momento terrible   11

3. Una visión fantástica – Estaba como paralizado – El honor de un periodista – «¡He visto!»   21

4. El número 3 – El Ángel de Portugal – Alguien envuelto en una sábana – ¡A cubierto!   27

5. Más resplandeciente que el sol – Espantosos y extraños animales – Cuando veáis una noche iluminada por una luz desconocida   33

6. La ira de los campesinos – El verdugo de los niños ¿Qué quiere de mí Vuestra Merced? – La guerra terminará   41

7. Los años acabados en 17 – Los últimos *carbonari* – Una situación explosiva – ¿Es culpa de la Virgen?   47

8. El asesinato del presidente – La camioneta fantasma La estatua de Gilberto – La caballería portuguesa contra Nuestra Señora   53

9. Los interrogatorios – Dos millones de peregrinos – El veterano de las Brigadas Internacionales – Las palomas de Fátima contra la paloma de Picasso   61

10. Los escrúpulos de Lucía – Los principios de Lenin Una corona de oro macizo – La derrota de El Alamein   67

11. El 17 de junio de 1789 – Como el rey de Francia – En los jardines del Vaticano – Rusia no es el género humano   77

12. Los días 13 – La hora del atentado – El yugo rojo vuelve a cobrar fuerza – La controvertida carta   85

13. Acrobacias intelectuales – Un trasfondo político – La im- 93
portancia de saber portugués – La bomba americana

14. ¿Quién teme a Fátima? – Presérvanos del fuego del infierno 101
– Un black-out bien orquestado – Nuestra Señora en el Kremlin

15. El zapato de Kruschov – De Gaulle excomulgado – El suce- 111
sor de saint Rémi – Un arma absoluta de largo alcance

16. Un terrible secreto – Castelgandolfo en el mes de agosto Un 115
papa optimista – Curiosidad morbosa

17. El carabinero de la Iglesia – Genocidio en Camboya 123
La conversación de Fulda – La explicación se acerca

18. ¿Qué ha pasado en la Iglesia? – «Tan súbitamente como una 129
hoja cae del árbol» – El golpe de Trafalgar – El Diablo, ese
ser misterioso, el enemigo de todos los hombres

19. El silencio de los papas – El secreto de *Neues Europa* Un error 137
cronológico – Lo que está podrido caerá

20. El concilio frustrado – Un sacerdote de la vieja escuela –El 143
cuadro delator – La cita de Metz

21. Medio giro a la izquierda – Dios no necesita del Concilio – 151
Introducción de la problemática – La Nueva Era

22. Dos palabras latinas que lo cambian todo – Una idea en la 157
cabeza – Programa común – Un detalle: Jesús

23. El discurso de Casablanca – Un papa en la sinagoga 163
La pipa de la paz – La bendición del gran maestro

24. Llamémosla Memoria del Señor – La Virgen indeseable – 169
Como en los tiempos de Enrique VIII – Esperamos Tu llegada en la gloria

25. «La indignación de Dios todopoderoso» – Un cúmulo de gra- 177
ves equivocaciones – El manto de la fe – La carga del hombre de blanco

Un misterio de treinta y seis años
El monje loco – El cofre del Santo Oficio

El secreto de Fátima (el tercero, ya que los dos primeros son de dominio público desde hace cincuenta años) actualmente sólo lo conocen dos personas en todo el mundo: una religiosa octogenaria recluida en un convento de Portugal, y el papa actual. La religiosa, sor Lucía, por haber oído el mensaje de boca de la Virgen cuando se apareció en la Cova da Iria en 1917, y Juan Pablo II, por ser el único poseedor del relato que en su día ella escribió.

Este secreto debía ser publicado, según las instrucciones celestiales dadas a la vidente, en 1960. No ha sido así. Y desde hace treinta y seis años nos preguntamos por qué. En 1960 Juan XXIII, tras escuchar los consejos de personas autorizadas, abrió en presencia del cardenal Ottaviani el sobre que contenía las hojas escritas por la religiosa. Lo leyó, permaneció unos instantes pensativo y a continuación volvió a precintar el sobre. Es posible que mostrase el documento al cardenal, pero nadie lo puede asegurar. Ninguno de los dos puede ya aclararnos nada.

El 2 de mayo de 1981 un avión de Aer Lingus vuela entre Dublín y Londres en un cielo sin nubes. Es un vuelo de rutina. Los pasajeros apenas si reparan en un hombre que ha abandonado su asiento y se dirige hacia la cabina. El comandante, sin mos-

7

trarse demasiado sorprendido ya que los secuestros aéreos se han convertido en moneda corriente, escucha la orden que le da: «No intente nada o el avión estallará. Ponga rumbo a Teherán».

El piloto mantiene la calma y después, con voz suave, dice:

–De acuerdo. Pero no llevamos suficiente queroseno. Tendré que tomar tierra para repostar.

–¿Dónde?

–En Francia, en Touquet.

–Muy bien, pero no haga ningún intento de escapar.

¿Por qué Irán? La cuestión es secundaria. El piloto consigue hacer llegar el mensaje a la torre de control de Touquet y, antes de que el aparato tome tierra, la GIGN está preparada para intervenir. Los hechos se desarrollan sin que suceda nada excepcional: ocho horas de angustia, negociaciones, el desembarco de mujeres y niños aceptado por el secuestrador y el asalto final sin derramamiento de sangre. Cuando Lawrence James Downey abandona esposado el avión, el director del aeropuerto conoce sus demandas, pero no comprende gran cosa. En su opinión, es un inofensivo iluminado. Por una de las ventanillas ha tirado varias hojas mecanografiadas en las que explica sus exigencias: que el papa publique en un periódico, cuyo título especifica, el tercer secreto de Fátima.

Un iluminado, desde luego. Este australiano, antiguo cisterciense en el monasterio romano de Tre Fontane, del que había sido expulsado veinticinco años antes debido a su desequilibrio mental, no contaba con más arma que una bolsa de goma que contenía gasolina. Pero había logrado su propósito: llamar la atención sobre el famoso secreto de la Virgen de Fátima, que continuaba guardado en el Vaticano.

¿Cuál es la importancia real de este secreto? ¿Concierne a nuestra vida y al futuro del mundo? ¿Tiene un excepcional interés espiritual? ¿O, por el contrario, no dice nada especial, como han dado a entender algunos eclesiásticos? La respuesta a estas cuestiones es sencilla: o bien la Madre de Dios se apareció realmente en la Cova da Iria el 13 de mayo de 1917 para dirigirse a tres pastorcillos, o bien esta historia es sólo una fábula. Si las apariciones son reales, la Virgen Santísima ha hablado para transmitirnos algo, su mensaje es importante y la humanidad tiene el derecho de conocerlo íntegramente. La Iglesia ha reconocido estas apariciones; el hecho de que los hombres de la Iglesia, principalmente el papa, impidan la divulgación del secreto, apunta a la existencia de poderosas razones.

¿Cuáles son? Responder a esta pregunta es empezar a desvelar el misterio, y parece que es posible hacerlo. En 1960 todavía era pronto, pero la historia sigue su curso y hoy poseemos los indicios suficientes para intuir el sentido de las líneas escritas en la cuartilla guardada en el pequeño sobre lacrado que Pío XII, el primer papa que lo tuvo en su poder, depositó sin abrirlo, en 1957, en un cofre de sus dependencias privadas con la etiqueta *Secretum Sancti Officii* (Secreto del Santo Oficio).

CAPÍTULO 2

El murmullo de una tenue voz – Un trueno
Los niños encarcelados – Un momento terrible

La cuestión que acabo de plantear perdería, evidentemente, todo su interés si las apariciones de Fátima no hubiesen tenido lugar. Si se tratara de un hecho espiritual relacionado con la vida interior, sería algo que sólo concerniría a los creyentes. Pero el hecho es que estas apariciones están ligadas a un fenómeno objetivo (el prodigio solar del 13 de octubre de 1917) que pudo ser observado por decenas de millares de personas en una fecha y un lugar concretos, y que ha sido objeto de numerosas entrevistas y cientos de testimonios escritos, hasta tal punto que en 1977, en el sesenta aniversario, aún se pudieron reunir treinta testigos oculares. El mensaje profético unido a este fenómeno fue entonces corroborado de forma sorprendente.

Hablemos primero del milagro, solicitado por los tres pequeños a Nuestra Señora y concedido por ésta para acabar con las sospechas y persecuciones que habían provocado sus primeras visiones. Se sabe que en el año 1917 la Virgen María se les apareció seis veces, el 13 de cada mes a partir del 13 de mayo, salvo en agosto, en que la cita del Cielo con la Tierra se trasladó al día 19, ya que las autoridades civiles tuvieron la sorprendente idea de encarcelar a los niños. El 13 de julio la Señora había dicho: «Seguid viniendo todos los meses. En octubre os diré quién

11

soy y lo que quiero, y realizaré un milagro que todos verán para creer».

Veamos las cosas desde el punto de vista de los testigos. Alrededor de setenta mil personas acudieron al lugar, ya fuera a pie, en carros y carretas, en burro, en bicicleta, en diligencia y hasta en automóvil. Una muchedumbre muy diversa en cuanto a lo que hoy llamaríamos clases sociales; muchos campesinos, pero también, como relata el historiador Leopoldo Nunes, «algunos de los hombres más ilustres de las letras, las artes y las ciencias, casi todos ellos incrédulos, llegados allí sólo por la curiosidad que despertaba la predicción de los niños».

La mayoría ha llegado la víspera por la tarde y dormirá al raso, ya que estamos en pleno campo, sin otro abrigo que las ramas de un árbol, si es que aún se puede encontrar sitio bajo alguno. También hay sacerdotes, seminaristas y periodistas. Avelino de Almeida, redactor jefe de *O Seculo,* el gran periódico de Lisboa, describe minuciosamente el ambiente que se respira en este apartado lugar la víspera del gran día: «Hombres y mujeres, casi todos, van descalzos. Las mujeres llevan sacos sobre la cabeza y encima de éstos, sus chanclas. Los hombres se apoyan en gruesos bastones y también han cogido los paraguas. Parece como si la mayoría se sintiera ajena a todo lo que pasa a su alrededor. No se ocupa del paisaje ni de los demás peregrinos, como sumergidos en un sueño, recitando el rosario en un tono triste». *O Seculo* es un diario liberal y masónico. Avelino de Almeida forma parte de los profesionales curiosos, presiente un gran reportaje y la multitud reunida en torno a la Cova da Iria le confirma que no se ha desplazado hasta allí en vano. El hecho de que su nombre aparezca en este libro tantos años después, demuestra que no le falló la intuición.

Los peregrinos van a pasar una mala noche, ya que comienza a llover; la lluvia seguirá cayendo hasta la mañana siguiente sin que nadie se desaliente. Los caminos se han convertido en barrizales; la hierba de los prados, saturados de agua, está resbaladiza, y hace frío. «Desde el amanecer surgen, animosos, nuevos grupos que atraviesan, sin detenerse un momento, la pequeña ciudad de Vila Nova de Ourem, cuyo silencio sólo es roto

12

por el sonido de los cánticos... También nuestro periodista deberá recorrer por la mañana veinte kilómetros a pie para alcanzar la Cova. Sale el sol, pero el aspecto del cielo es amenazador y se forman nubes negras, precisamente hacia el lado de Fátima... Hacia las 10 de la mañana, el cielo se cubre completamente y comienza a caer una fuerte lluvia. El aguacero, acompañado de un desagradable viento, fustiga los rostros, inunda el pavimento de las carreteras y cala hasta los huesos a todos los que no han tenido la precaución de llevarse un paraguas».

Desde el camino de Leiria se domina todo el paraje. Avelino de Almeida observa el escenario: «El conjunto es bastante pintoresco. Campesinos precavidos, resguardados bajo enormes paraguas, van sacando sus humildes provisiones sin dejar de entonar sus cánticos ni de recitar el rosario. Nadie vacila en hundir los pies en el barro para tener la dicha de ver de cerca la encina, sobre la que se ha levantado un rústico arco donde se balancean dos lámparas».

Muchos ya conocen la encina, un árbol joven de un metro de alto. El 13 de junio acudieron cincuenta personas; el 13 de julio, tres mil; el 13 de agosto, entre dieciocho y veinte mil, y el 13 de septiembre treinta mil, todos ellos atraídos por la noticia de que tres niños han visto a la Virgen Santísima. En todas las ocasiones se han producido manifestaciones de tipo atmosférico; concretamente el trueno y el relámpago anunciadores, la nube que se formaba tres veces sobre la encina y la luminosidad cambiante. Los que se hallaban cerca podían escuchar las palabras de Lucía y el canónigo Barthas, uno de los primeros historiadores de Fátima, habló con varios testigos que el 13 de junio oyeron «entre las palabras, como el murmullo de una voz muy tenue, casi ininteligible». «Observé un hecho curioso –relata otro testigo–: estábamos en el mes de junio y el árbol tenía todas las ramas cubiertas de largos brotes recientes. Al acabar la aparición, cuando Lucía anunció que Nuestra Señora partía hacia oriente, todas las ramas del árbol se agruparon y se doblaron en esa misma dirección, como si Nuestra Señora, al irse, hubiese dejado arrastrar su manto sobre el ramaje». María Carreira, una campesina fiel desde el primer momento y que tomará la iniciativa de construir la capilla solicitada por la Virgen, cuenta el mismo hecho: «Al volvernos hacia la encina milagrosa, cuál no sería nuestra sorpresa al ver que las pequeñas ramas de la copa, que antes estaban rectas, se mostraban ahora algo inclinadas hacia el Este, como si realmente alguien las hubiera movido».

El 13 de septiembre, como refiere monseñor Quaresma, un prelado llegado hasta allí para comprobar la realidad de los hechos, se vio «clara y distintamente un globo luminoso que se desplazaba de levante a poniente y se deslizaba lenta y majestuosamente por el espacio». Este globo desciende hasta la encina, y la luz del sol disminuye de tal modo que se hace casi de noche y algunos llegan a ver las estrellas. El oscurecimiento del sol ya se había producido el 13 de julio. Manuel Pedro Marto, padre de Francisco y Jacinta, hizo el siguiente relato al padre De Marchi, que en 1944 llevaba a cabo una investigación en aquel mismo lugar: «Prestando más atención, pude ver una especie de nube de ceniza que planeaba sobre la encina. El sol se oscureció y empezó a soplar una brisa fresca y agradable. No parecía que estuviésemos en pleno verano... Finalmente, después de que Lucía hubo preguntado a la Visión por última vez, se escuchó algo parecido a un gran trueno, y el pórtico que se había instalado allí para colgar las dos pequeñas lámparas se estremeció como si se hubiera producido un temblor de tierra. Lucía, que aún estaba arrodillada, se levantó y se giró tan rápidamente que su falda se hinchó como un globo. Entonces gritó, mostrando el cielo: "¡La Señora se va! ¡La Señora se va!..." Y después de unos instantes: "¡Ya no se la ve!". Para mí, todo esto fue también una gran prueba».

El 13 de agosto, como ya hemos dicho, los niños fueron retenidos por el administrador de Vila Nova de Ourem, pero la muchedumbre, que lo ignoraba, había acudido a la cita. María Carreira nos ofrece el relato de lo que allí pasó: «En torno a la encina se rezaba y se entonaban cánticos religiosos. Pero los pequeños tardaban en llegar y todo el mundo comenzó a impacientarse. En esto, alguien de Fátima llegó diciendo que el administrador había detenido a los niños. Se produjo entonces un gran revuelo y no sé lo que habría pasado si de repente no se hubiese escuchado un trueno. El trueno era más o menos similar al de la vez anterior. Unos decían que venía de la carretera, otros de la encina... A mí me pareció que venía de muy lejos. Todo el mundo guardó silencio, asustado; algunos comenzaron a gritar que íbamos a morir. La gente empezó a dispersarse y alejarse de la encina... ¡Pero nadie murió! Al trueno siguió un relámpago, y al punto todos nos fijamos en una preciosa nubecilla de color blanco, muy ligera, que planeó unos instantes sobre la encina y después se elevó hacia el cielo y desapareció en los aires. Al mirar entonces a nuestro alrededor, advertimos un fenómeno extraño que ya habíamos observado la vez anterior y que volveríamos a ver en más ocasiones. Los rostros de la gente reflejaban todos los colores del arco iris: rosa, rojo, azul... Los árboles no parecían tener ramas ni hojas, sino sólo flores; todos parecían cargados de flores, y cada hoja parecía una flor. El suelo parecía recubierto de cuadrados de diferentes colores. Los vestidos también tenían todos los colores del arco iris. Las dos lámparas suspendidas del arco parecían ser de oro».

La aldeana concluye: «Nuestra Señora había venido realmente y no había encontrado a los niños. ¡Qué lástima! Había acudido a la cita y no los había visto».

Todos estas señales y otras como las del 13 de julio, esa especie de pétalos blancos o copos de nieve que caían del cielo y desaparecían a medida que tocaban el suelo, eran vistas unas veces por unos y otras veces por otros, pero siempre por un número considerable de personas, entre las que se había algunas muy poco místicas cuya presencia estaba motivada por la simple curiosidad o el afán por burlarse de los videntes y de aquellos que les creían. Los eclesiásticos no eran los menos escépticos; a muchos de ellos les impulsaba el deseo de echar tierra en el espíritu del vulgo sobre aquellas manifestaciones que dificultaban su labor: si la Virgen se aparecía realmente, deberían tener en cuenta su mensaje y salir de la rutina; en el alma de todo hombre, incluidos los clérigos, dormita un funcionario.

Pero regresemos al 13 de octubre, una jornada histórica ya anunciada y en la que Lucía mostraba una inquebrantable confianza. La Señora le había prometido realizar un milagro y la muchacha estaba segura de que mantendría su palabra. Avelino de Almeida prosigue su relato: «La llegada de los videntes se produce una media hora antes del momento indicado para la aparición. Las pequeñas, coronadas de flores, son conducidas hasta el lugar donde se levanta el pórtico. La lluvia continúa cayendo, pero nadie desespera. Algunos carros retrasados llegan por la carretera. Grupos de fieles se arrodillan en el barro y Lucía les ordena cerrar los paraguas. La orden es transmitida y obedecida en seguida y sin resistencia». La fe de Lucía es contagiosa: toda una multitud se expone a la incomodidad de esta lluvia persistente, a los riesgos de una gripe o un catarro, simplemente porque esta chiquilla de diez años lo ha dicho.

Las fotos amarillentas que nos han llegado, en su mayoría publicadas en la prensa de la época, se suman a los incontables testimonios escritos para recordar las diversas etapas de este conmovedor cuarto de hora (que es todo lo que duró el suceso). En estas fotos se distingue el brillo de los paraguas sobre el monte pedregoso y, bajo la constante lluvia, la multitud dejándose mojar. Unos minutos después, miles de rostros miran en la misma dirección, hacia el insólito espectáculo, con los ojos muy abiertos mirando el sol. Estas fotos constituyen una prueba fehaciente del milagro: la lluvia se había detenido súbitamente, las nubes acumuladas desaparecieron sin que se notara el más leve soplo de aire y, en pleno mediodía, se podía mirar fijamente el sol sin lastimarse los ojos.

Pero, ese sol, ¿cómo se presentaba? Según los videntes, la escena se desarrolla así: «Llegados a la Cova da Iria, cerca de la encina –escribe Lucía–, impulsada por una fuerza interior, pedí a los allí presentes que cerrasen los paraguas para rezar el rosario. Poco después vimos el reflejo de una luz y, a continuación a Nuestra Señora, sobre la encina». Se entabla así una primera conversación. La Virgen dice: «Yo soy Nuestra Señora del Rosario», y da a conocer sus designios: que se le erija en aquel lugar una capilla en su nombre, y que se siga rezando el rosario todos los días. Anuncia también que la guerra terminará. A la muchacha, que le pide curar a algunos enfermos y convertir a los pecadores, le responde: «Concederé algunas de tus peticiones, otras no. Es necesario que los hombres se corrijan, que pidan perdón por sus pecados... que no ofendan más a Dios, Nuestro Señor, que ya ha recibido demasiadas ofensas».

La cuarta memoria de Lucía continúa así: «Entonces, abriendo las manos, las hizo reflejarse sobre el sol y, mientras se elevaba, el reflejo de su propia luz continuaba proyectándose sobre el sol. Éste es, Excelencia, el motivo por el que grité que mirasen el sol».

Para el resto de los asistentes, la aparición no fue visible, aunque se produjo un hecho que la señaló. Un profesor de la Facultad de Ciencias de Coimbra, Almeida Garrett, ofrece la siguiente descripción: «Debía ser sobre la una y media cuando, en el lugar exacto en el que se encontraban los niños, se elevó una fina columna de humo, tenue y azulada, de hasta dos metros de altura por encima de las cabezas, y una vez allí se desvaneció. Este fenómeno, perfectamente visible a simple vista, duró unos segundos... El humo se disipó bruscamente y, al cabo de cierto tiempo, el fenómeno se repitió una segunda y una tercera vez. En las tres ocasiones, y sobre todo en la última, el armazón de madera se destacaba claramente sobre la atmósfera gris».

El doctor Almeida Garrett adopta la postura del científico decidido a observarlo todo desde un punto de vista imparcial. Se instala con unos prismáticos a un centenar de metros, sobre una elevación desde la que domina todo el escenario, e interpreta que las columnas de humo han sido producidas «por algún incensario», pero una indagación posterior le convence de que no hay ningún incensario, como tampoco lo había las veces anteriores, en que también se habían visto columnas de humo.

Todo pasó muy rápidamente. Más o menos en un minuto. La hora que señala el testigo es la hora oficial que Portugal había adoptado durante la Primera Guerra Mundial, una hora y media por delante de la hora solar. La Virgen se había mostrado, por tanto, a mediodía, puntual a la cita concertada con los niños. Esta exactitud es un elemento de peso en la evaluación científica de los hechos.

«Mirad el sol». El doctor Almeida Garrett no ha escuchado la exhortación de Lucía, o al menos no la menciona, pero lo que atrae su atención es la algarabía que se eleva de entre la multitud: «... y vi todo aquel gentío, esparcido por el vasto espacio que se extendía a mis pies y agrupado en oleadas compactas alrededor de los postes y sobre los pequeños muros de piedra, dar la espalda al lugar que hasta el momento había sido objeto de toda la expectación y mirar al cielo en dirección opuesta».

Observa la desaparición de la espesa capa de nubes en cuestión de un instante y ofrece esta descripción lapidaria del astro hasta ahora oculto: «El sol, semejante a un disco bien definido y perfectamente delimitado, brillaba sin dañar la vista».

Todos los testigos captaron esta particularidad que desmentía lo que la observación constante hacía decir a Gérard de Nerval:

> ¡Y es que sólo el águila, ay de nosotros, ay!
> Puede impunemente mirar el sol y la gloria.

Almeida Garrett no considera del todo exacta la comparación con «un disco de plata mate» que utilizan otros testigos: «Era de un color más claro y más rico, con destellos similares al oriente de una perla. El sol no se parecía en nada a la luna cuando brilla en un cielo limpio, ya que se diría que estaba dotado de vida. No era esférico, como la luna, y no tenía la misma tonalidad, ni los mismos claroscuros. Más bien parecía un disco pulimentado, como tallado en el nácar de una concha. No se trata de una comparación trivial, de poesía barata. Mis ojos lo vieron así».

El profesor detalla la visión: no se parecía a un sol visto a través de la niebla, ya que no la había; daba luz y calor «y se dibujaba claramente en el cielo, con los bordes tallados en arista, como una mesa de juego». Se pudo observar así durante cerca de diez minutos, con dos breves interrupciones en las que el astro emitió unos rayos fulgurantes que obligaron a desviar la mirada.

«Mientras fijaba mi mirada en el sol –continúa–, noté que todo se oscurecía a mi alrededor. Observé lo que tenía cerca, dirigí la mirada hasta el confín del horizonte y vi que todo era del color de la amatista. Los objetos, el cielo, la atmósfera; todo tenía el mismo color. Una encina violácea que estaba delante de mí proyectaba una sombra oscura en el suelo.»

El científico se mantiene fiel a sí mismo y procede a un experimento inmediato: «Temiendo haberme lesionado la retina, hipótesis por otro lado poco probable, pues en tal caso no habría podido ver las cosas de color violeta, me volví, cerré los párpados y coloqué las manos ante mis ojos para interceptar cualquier rayo de luz. Volviéndome de espaldas al sol, abrí de nuevo los ojos y pude comprobar que la atmósfera y el paisaje conservaban el mismo color violeta».

Para ser más explícito, compara el fenómeno con un eclipse que ha observado anteriormente. El fenómeno es totalmente diferente: durante un eclipse total de sol la temperatura baja considerablemente, la luminosidad disminuye y sólo se observan los objetos próximos, perdiéndose el resto en la oscuridad, como si fuese de noche. «En Fátima, la atmósfera, aunque de color violeta, permaneció transparente hasta los confines del horizonte, que se observaba y distinguía con toda claridad, y no tuve la impresión de que disminuyese la energía universal.»

Entonces se esfuma la coloración violeta. El profesor oye exclamar a un campesino: «Esta señora está amarilla». «De hecho, todo había cambiado; lo próximo y lo lejano, había adquirido la tonalidad de los antiguos damascos amarillos. La gente parecía tener ictericia. No pude evitar el sonreírme al ver a todas aquellas personas tan feas y con tan mala cara. Se escucharon risas. Mi mano tenía el mismo tono amarillento.»

Las risas se disiparon rápidamente: de pronto, el disco solar se puso a girar sobre sí mismo, como una rueda sobre su eje, «a una velocidad vertiginosa», y después un grito de terror salió de la garganta de los espectadores: el sol se desprendió de la bóveda celeste y pareció que iba a caer sobre ellos.

Si se agrupan todos los testimonios (extraordinariamente concordantes) se comprueba que el sol de Fátima, en ese preciso instante, apareció «como una rueda de fuegos artificiales», adquirió un color rojo brillante y se precipitó desde lo alto del cielo hasta la línea del horizonte describiendo una serie de curvas, después se detuvo y volvió a subir de la misma forma, irradiando un calor intenso. Un croquis realizado por el barón de Alvaiazere da al conjunto de esta fantástica trayectoria la forma de una elipse. Una expresión muy extendida en todos los testimonios es la de una «danza» del sol, pero una danza que no tenía nada de graciosa ni de tranquilizadora: «Fue un momento terrible», «fueron unos segundos aterradores», algunas personas perdieron el conocimiento, otras alzaron gritos de súplica, parecía el fin del mundo y se oían gritos de socorro. María Carreira relata que, cerca de ella, una mujer empezó a confesar sus pecados en voz alta sin preocuparse de los que pudiesen oírla.

Antes de dejar al doctor Almeida Garrett, citemos el final de su declaración: «Todos los fenómenos que he descrito aquí los he observado tranquila y serenamente, sin ninguna emoción ni sobresalto. A otros concierne explicarlos o interpretarlos. Para finalizar, debo declarar que nunca, ni antes ni después del 13 de octubre, he constatado fenómenos solares o atmosféricos de este género».

En cuanto al barón de Alvaiazere, afirma haber acudido allí «para distraerse», seguro de que todo aquel asunto no era más que un «cuento ingenioso». Había leído *La psicología de las masas*, de Gustave Le Bon, y se había prometido a sí mismo no dejarse influenciar por esa clase de corriente hipnótica que surge a veces en el seno de las colectividades. Tras el prodigio, que también él describe minuciosamente, apunta en su testimonio: «Sé perfectamente que grité: ¡Creo! ¡Creo! ¡Creo! y que brotaron lágrimas de mis ojos. Yo estaba maravillado, extasiado ante aquella manifestación del poder divino».

CAPÍTULO 3

Una visión fantástica – Estaba como paralizado
El honor de un periodista – «¡He visto!»

Un testigo, al cual el reverendo padre De Marchi, religioso italiano que durante diez años investigó sobre Fátima, planteaba la consabida pregunta: «Este prodigio solar ¿no será, por casualidad, un caso de sugestión colectiva?», respondió riendo: «¿Qué? La única cosa que era colectiva era la lluvia que nos calaba hasta los huesos».

Llovía tanto que las personas allí presentes no tenían, según la expresión de un médico, «ni un centímetro seco». Ahora bien, cuando el sol volvió a ocupar su lugar en el cielo, la gente, estupefacta, comenzó a mirarse y comprobó que sus ropas se habían secado completamente durante aquel breve cuarto de hora, sin que se hubiesen dado cuenta de ello. «Todo el mundo se sentía a gusto, [...] lo cual fue motivo de asombro general –escribe el académico Marques da Cruz en 1937–. Así me lo aseguraron con la mayor sinceridad decenas y decenas de personas de absoluta lealtad, que conocía íntimamente desde la infancia y que aún viven, así como por personas de diferentes provincias del país que se encontraban presentes cuando ocurrieron los hechos.»

Era como una confirmación inmediata para demostrar a aquellas gentes que no habían soñado; un detalle práctico que les devolvía a la tierra y que representaba, de algún modo, la transición entre la visión fantástica y la vida real, pero también una atención maternal de la Virgen para con ellos.

Se nos plantea una cuestión: ¿era realmente necesario estar allí para asistir a la danza del sol? ¿no fue presenciada en otras regiones? Este dato tiene cierta importancia ya que, de haberse limitado a la multitud reunida en la Cova da Iria, el prodigio fácilmente podría haber sido imputado por los seguidores de Gustave Le Bon a esa «clase de corriente hipnótica que surge a veces en el seno de las colectividades». Sin embargo, gente que no estaba allí pudo constatar el mismo hecho a kilómetros de distancia, como, por ejemplo, el poeta Afonso Lopes Vieira, que se hallaba en Sao Pedro de Muel, a 40 kilómetros de allí: «Aquel 13 de octubre –declara a De Marchi–, sin tener en mente las predicciones de los pastorcillos, quedé deslumbrado ante el sorprendente espectáculo de un cielo completamente nuevo para mí, al que asistí desde este balcón».

El mismo entrevistador recogió los testimonios de varios habitantes de Alburitel, situado a unos 18 kilómetros de Fátima. Un alumno de la escuela de la localidad, Ignacio Lourenço, que más tarde se haría sacerdote, cuenta: «Era aproximadamente mediodía, cuando de repente nos sorprendieron los gritos y exclamaciones de los hombres y mujeres que pasaban por la calle de nuestra escuela. La maestra, una mujer muy buena y piadosa, pero fácilmente impresionable y muy tímida, fue la primera en salir a la calle, y no pudo impedir a los niños que salieran también tras ella. Fuera, en la calle, la gente lloraba y gritaba, señalando el sol, sin responder a las preguntas que les hacía nuestra maestra, muy afectada.

»Era el gran milagro, que se podía observar claramente desde lo alto de la colina en que se encuentra mi pueblo; era "el milagro solar", con todos sus extraordinarios fenómenos.»

La descripción que da este muchacho se corresponde exactamente con la que ya hemos dado. «Cerca de nosotros –continúa diciendo Ignacio Lourenço– se encontraba un incrédulo, un hombre sin religión que se había pasado toda la mañana burlándose de los ingenuos que habían emprendido el viaje a Fátima para ver a una niña. Yo le observaba; estaba como paralizado, inmóvil, con la mirada fija en el sol. Le vi ponerse a temblar de pies a cabeza, levantar las manos al cielo y caer de rodillas sobre el barro repitiendo: ¡Virgen santa! ¡Virgen santa!». La emoción alcanzó a todo el pueblo, cuyas dos capillas se llenaron, tan pronto como finalizó el prodigio, de gente maravillada que daba gracias tras haber creído llegada su última hora. Nosotros hemos tenido acceso a numerosos testigos, de los que es difícil suponer que hayan sido víctimas de una «corriente hipnótica», fenómeno que por lo demás no está bien establecido científicamente, al igual que el de la alucinación colectiva. Habría sido necesario que esta misteriosa corriente hubiese tenido una fuerza extraordinaria para actuar en varios lugares a la vez y sobre colectividades diferentes, así como sobre individuos aislados, como el poeta Lopes Vieira.

Pero, si realmente se produjo esta danza del sol, ¿por qué los observatorios no registraron el hecho? La inquietud no se hizo esperar. El director del observatorio de Lisboa respondió así a *O Seculo:* «De ser un fenómeno cósmico, los observatorios astronómicos no habrían dejado de registrarlo. Y esto es, precisamente, lo que falta, esa forzosa constatación de cualquier perturbación en el sistema de los mundos, por pequeña que ésta sea». En su carta pastoral del 13 de octubre de 1930 relativa a las apariciones, el obispo de Fátima, monseñor Correia da Silva, no elude la cuestión: «Este fenómeno, que ningún observatorio astronómico ha registrado y que no ha podido ser, por tanto, un fenómeno natural, ha sido observado por personas de todas las condiciones y clases sociales, tanto creyentes como no creyentes...». Un fenómeno que no es natural es un fenómeno que no obedece a las leyes de la naturaleza. Es la definición misma del milagro.

La actitud de Avelino de Almeida es muy significativa. Tras sus dos impactantes artículos en *O Seculo,* se convirtió en el blanco de las violentas críticas de la francmasonería y de los librepensadores, entonces muy poderosos. Una prueba es el panfleto que hizo circular la Federación portuguesa del librepensamiento: «Se han inventado –podemos leer en él– que el sol, a una hora determinada del día 13 de octubre de 1917 (octavo aniversario del asesinato de Francisco Ferrer, es decir, en pleno siglo veinte), ha bailado un fandango con las nubes». Después, la emprende con el reportero: «Incluso ha habido personas capaces de potenciar esta falaz patraña con la luz de la linterna de la gran publicidad. Y el que asume la responsabilidad de este crimen es un hombre que, por su inteligencia, sus conocimientos en materia teológica y por las brillantes tradiciones de otra *Lanterne* [periódico anticlerical en el que había colaborado], muy diferente de tono, no tenía derecho a prestarse a un papel tan repugnante».

Avelino de Almeida, agraviado por sus iguales, vuelve sobre el tema el 29 de octubre en su revista *Ilustraçao Portuguesa*, publicando las fotos testimoniales en un conmovedor artículo titulado: «Carta a una persona que pide un testimonio imparcial».

Esta persona es un amigo de la infancia, real o imaginario, que dice haberle escrito tras veinte años de silencio para plantearle una cuestión de confianza.

«[...] Me escribes para preguntarme acerca de lo que he visto y escuchado en la landa de Fátima, cuando el rumor de las apariciones celestiales reunió en este paraje desierto a decenas de miles de personas, en mi opinión más ávidas, de algo sobrenatural que movidas por la simple curiosidad o la esperanza de un interés cualquiera.

»[...] ¿Qué oí en Fátima? Que la Virgen María, después de la fiesta de la Ascensión, se había aparecido a tres críos que apacentaban su rebaño, un niño y dos niñas, recomendándoles rezar y prometiéndoles aparecérseles el 13 de cada mes, hasta que en octubre les diera una muestra del poder de Dios y les hiciera unas revelaciones. La noticia se había extendido por muchos quilómetros a la redonda, hasta los confines de Portugal.

»[...] Y cuando no imaginaba ver otra cosa más impresionante que esta ruidosa, aunque pacífica, multitud, animada por la misma idea obsesiva y el mismo poderoso impulso, ¿qué es lo que vi realmente extraño en la landa de Fátima? Una lluvia que, a la hora anunciada, cesaba; una espesa capa de nubes que se disipaba y el astro rey, disco de plata sin brillo, que aparecía en pleno cenit y comenzaba a ejecutar una danza violenta y convulsa que muchos de los presentes asociaron con una danza serpentina, tan

hermosos y rutilantes eran los colores que revestían sucesiva-
mente la superficie del sol...

»¿Un milagro, como gritaba el pueblo? ¿Un fenómeno natural,
como dicen los sabios? No intento averiguarlo, simplemente afirmo
lo que vi... Lo demás es asunto de la ciencia y de la Iglesia.»

El autor del artículo distingue entre lo que ha oído y lo que ha
visto. No se hace cargo más que de esta segunda serie de hechos.
Cualesquiera que sean sus opiniones (el artículo que había escrito
esa misma mañana mostraba una prudente ironía), cumple con
su papel de reportero y lo hace conscientemente, pese a las presiones de que es objeto. Esta segunda serie de hechos incluye los
fenómenos celestes y la actitud del pueblo. La multitud ha proclamado el milagro, mostrándose en esto más sagaz que el director del observatorio de Lisboa, ya que es, hasta el momento,
la única explicación que resiste al análisis. Avelino de Almeida,
gracias a su honestidad profesional, ha conseguido legar su nombre a la posteridad, algo no muy frecuente en el círculo de los
periodistas. Su memoria es tan efímera como las hojas sueltas
en las que escriben, sobre todo cuando se trata de un periodista
portugués de principios de siglo, que no tenía nada de un Stan-
ley o de un Albert Londres.

CAPÍTULO 4

El número 3 – El Ángel de Portugal
Alguien envuelto en una sábana
¡A cubierto!

Antes de hablar del mensaje de Fátima, conviene que aclaremos la sucesión de las apariciones en el tiempo. El número 3 tiene aquí un papel destacado: las apariciones tendrán lugar durante tres años y en el tercer año se producirán en número de 2 veces 3 = 6. El primer año, en 1915, Lucía es acompañada por tres amigos; en 1916 y 1917, la acompañan otros dos niños.

El Cielo se manifiesta, pues, desde 1915. Pero no es la Virgen quien se aparece al principio, sino un ángel, el Ángel de Portugal. La angelología más antigua nos enseña que cada país tiene su ángel protector, al igual que cada hombre tiene su ángel de la guarda, y santo Tomás de Aquino ha señalado que el gobierno divino se manifestaba principalmente por el buen hacer de estos espíritus puros.

Las tres primeras apariciones son muy sutiles y en ellas no se produce ningún diálogo ni se transmite ningún mensaje. Lucía las relata así en su segunda Memoria: « De entre ellos (los niños de la vecindad) escogí tres niñas como compañeras y, sin decir nada más, me puse de acuerdo con ellas para ir hacia los pastos del lado opuesto. Las elegidas fueron: Teresa Matías, su hermana María Rosa, y María Justina. Al día siguiente, fuimos con nues-

27

tros rebaños hacia una colina llamada el Cabeço. Nos dirigimos hacia el flanco de la colina orientado hacia el norte. Sobre el flanco sur de esta colina se encontraba el lugar llamado los Valinhos, cuyo nombre conocerá Su Excelencia. Y, sobre el flanco que mira hacia el sol naciente, se encuentra la peña de la que he hablado a Su Excelencia en el escrito sobre Jacinta. Subimos con nuestros rebaños casi hasta la cima de la colina. A nuestros pies se veía un gran campo plantado de árboles que se extendía hasta la llanura, con olivos, robles, pinos, encinas, etc. Hacia el mediodía, tomamos el almuerzo. Después de esto, invité a mis compañeras a rezar conmigo el rosario, lo cual hicieron de buen grado. Apenas habíamos empezado cuando, ante nuestros ojos, vimos, como suspendida en el aire, por encima de los árboles, una figura semejante a una estatua de nieve que los rayos del sol hacían ligeramente transparente.

–¿Qué es eso? –preguntaron mis compañeras un poco asustadas.

–No lo sé.

Continuamos nuestras oraciones, manteniendo fija la mirada en aquella figura, que desapareció apenas terminamos.»

Lucía, que tiene entonces ocho años, comprende que no debe hablar sobre lo que ha visto (y además, ¿qué puede decir de ello?). En otra parte, escribe que aquella figura tenía «forma humana». Las otras niñas no han podido contener su lengua y a las preguntas que le hace su madre, Lucía, en su afán por explicar lo inexplicable y describir lo indescriptible, responde: «Parecía alguien envuelto en una sábana». Esta expresión infantil provocará el sarcasmo de la familia.

Podemos considerar estas primeras apariciones evanescentes como una entrada en materia, un primer paso en el mundo sobrenatural. Si no hubiesen tenido continuación, la propia niña confiesa que las habría olvidado por completo. Sólo al año siguiente se revelará la identidad del ángel.

En esta ocasión, Lucía está en compañía de sus primos: Francisco y Jacinta, a los que recientemente se ha dado permiso para que lleven a los campos los rebaños de sus padres. La vida de los zagales no carece de encanto. La responsabilidad de cuidar a los animales les deja mucho tiempo libre, que ocupan en juegos tradicionales, como las canicas, las prendas, el juego del botón o el *regogo*, es decir, el escondite. El niño que debe encontrar a los otros canta:

> *¡Regogo, regogo, regogo!*
> *Que todos se escondan,*
> *¡Ya estoy aquí, ya estoy aquí!*

Y comienza a buscarles. Según De Marchi, la palabra *regogo* representa el gañido del zorro mientras caza.

También bailan y cantan viejas canciones del campo:

> *Montañesa, montañesa*
> *De ojos color castaño,*
> *¿Quién te ha dado, montañesa,*
> *Semejantes encantos?*
> *Nunca vi nada igual.*
>
> *Montañesa, montañesa,*
> *¡Ten piedad de mí!*
>
> *Montañesa, montañesa,*
> *De pecho color de rosa,*
> *¿Quién te ha dado, montañesa,*
> *Tan delicado color?*
> *Un color tan delicado,*
> *Nunca vi nada igual.*
> etc.

Y junto a estas alegres romanzas, otros muchos cánticos. El preferido por Francisco es:

> *Amo a Dios en el cielo,*
> *También amo la tierra;*
> *Amo las flores de los campos,*
> *Los corderos de la sierra...*

Una ocupación habitual también entre estos pastorcillos, educados en un ambiente particularmente cristiano, consiste en recitar el rosario. En eso están un día del verano de 1916, cuando la lluvia les obliga a buscar cobijo en un olivar próximo para tomar su frugal comida. Según el recuerdo que Lucía guarda de este día, los tres niños, ansiosos de retomar sus juegos, utilizan un método ideado por Francisco: en lugar de rezar las oraciones, en cada cuenta recitan solamente: *Ave Maria* o *Padre Nosso*, con lo que avanzan mucho más deprisa.

Ha vuelto a salir el sol. Mientras juegan a las canicas con pequeños cantos rodados se ven sorprendidos por una inesperada ráfaga de viento que sacude los árboles. Por encima de los olivos y dirigiéndose hacia ellos observan «la misma figura de la que ya he hablado. Jacinta y Francisco no la habían visto hasta ahora y yo tampoco les había hablado de ella. A medida que se iba aproximando, pudimos distinguir mejor sus rasgos, que eran los de un adolescente de catorce o quince años, más blanco que la nieve, al que el sol hacía casi transparente, como si fuese de cristal, y de una gran belleza».

La figura se presenta: «Soy el Ángel de la Paz», y les enseña una oración: «... Te pido perdón por los que no creen, por los que no adoran, por los que no tienen esperanza ni te aman». La intención evangélica se hace patente desde este primer diálogo: el mensaje de Fátima tiene por objeto la salvación de los hombres. El ángel pronuncia también la fórmula: «los Sagrados Corazones de Jesús y de María», que será muy importante en las posteriores comunicaciones celestes. Francisco, que ve las apariciones pero no oye las palabras, no sabe lo que significa la frase del ángel: «Los Sagrados Corazones de Jesús y de María están atentos a vuestras súplicas» y es Lucía quien se la explica.

En la segunda aparición de 1916, el ángel hace especial hincapié en las oraciones y los sacrificios, y les dice: «Atraed así la paz sobre vuestra patria. Yo soy su ángel custodio, el ángel de Portugal». Al tema de la salvación de los pecadores, se añade en esta segunda ocasión el de la paz, una paz que, por el momento, concierne sólo a Portugal, inmersa desde hace meses en una terrible guerra. A ello se suma, en un plano interno, un estado de anarquía endémica desde el asesinato del rey Carlos I, con la instauración de la República, la Constitución de 1911 y el largo cortejo de golpes militares y revoluciones que se suceden. Desde el punto de vista religioso, la Constituyente ha suprimido las congregaciones y ha establecido la separación entre Iglesia y Estado.

La tercera vez que se aparece el ángel, a primeros de octubre de 1916, tiene lugar una acción mística mucho más extraordinaria que las que han tenido lugar hasta el momento, y que se ha definido como una «teofanía eucarística». Así es como lo recuerda Lucía: «Nos habíamos puesto en pie para ver lo que ocurría y vimos de nuevo al ángel, que sostenía en su mano izquierda un cáliz y sobre él, suspendida, una hostia. De la hostia manaban gotas de sangre que caían dentro del cáliz. El ángel dejó el cáliz suspendido en el aire y se arrodilló cerca de nosotros y nos hizo repetir por tres veces: «Santísima Trinidad, Padre, Hijo y Espíritu Santo, te ofrezco los preciosísimos Cuerpo, Sangre, Alma y Divinidad de Nuestro Señor Jesucristo, presente en todos los sagrarios del mundo, en reparación de los ultrajes, sacrilegios e indiferencias con los que Él es ofendido. Y por los infinitos méritos de su Sagrado Corazón y del Inmaculado Corazón de María, te pido la conversión de los pobres pecadores». A continuación, da la comunión a los tres niños, ofreciendo la hostia a Lucía y repartiendo la sangre del cáliz entre Francisco y Jacinta.

CAPÍTULO 5

Más resplandeciente que el sol
Espantosos y extraños animales
Cuando veáis una noche iluminada
por una luz desconocida

«Más o menos es así, Excelencia, como habían transcurrido los siete primeros años de Jacinta, hasta que amaneció, bello y radiante como tantos otros días, el 13 de mayo de 1917. Aquel día, por casualidad, o quizá por designios de la Providencia, habíamos escogido, para apacentar nuestros rebaños, la propiedad perteneciente a mis padres en el lugar conocido como «Cova da Iria». Tras pensar, como de costumbre, cuáles serían los pastos del día, decidimos ir cerca de Barreiro, del que ya os he hablado, Excelencia. Debíamos atravesar un terreno baldío, lo que hizo más largo nuestro camino, y teníamos que ir despacio, con el fin de que las ovejas pudiesen pastar durante el camino, y así, llegamos cerca del mediodía...»

Una vez allí, tras haber comido y rezado el rosario, los tres niños pueden pensar en jugar. Aquel día deciden construir un muro con piedras alrededor de un arbusto. De pronto, un relámpago cruza el cielo, o al menos eso parece el estallido de luz que les hace levantar la cabeza. Siendo la mayor de los tres, y ante la posible amenaza de una tormenta, Lucía cree conveniente regresar a casa, antes de que sea demasiado tarde, por el camino más corto posible (quedan tres kilómetros por recorrer). Guían a las ovejas por la pendiente, en dirección a la carretera, con el fin de ganar tiempo. Llegan así a media pendiente, al lugar llamado Cova da Iria. «Cova –explica el Padre Castelbranco– significa: oquedad, hoyo; y en sentido figurado: hondonada. Cova da Iria es una gran hondonada rodeada de colinas, que conforma un magnífico anfiteatro natural, capaz de albergar grandes masas de gente.» Una parte de aquel paraje es propiedad de los padres de Lucía.

Se produce una nueva claridad y, sobre una pequeña encina, ven a «una Señora vestida de blanco, más resplandeciente que el sol, que irradiaba una luz más viva y más intensa que una copa de cristal llena de agua pura atravesada por los ardientes rayos del sol». Como los niños miran maravillados, sin saber de quién se trata, ella les tranquiliza:

–No tengáis miedo, no os haré ningún daño.

Lucía decide interrogarla:

–¿De dónde sois?

Generalmente, se traduce esta frase por: «¿De dónde sois, Vuestra Merced?». Es la fórmula empleada para dirigirse a los superiores en portugués: *Vossemecê,* que corresponde al español Su Merced, Vuestra Merced o Usted.

La primera respuesta de la Virgen es imprecisa:

–Soy del cielo.

A una nueva pregunta de la muchacha, responde con varias peticiones: que los niños acudan al mismo lugar seis veces seguidas, el día 13 de cada mes (sólo al final dirá quién es y qué es lo que quiere); que los niños acepten todos los sufrimientos que Dios les enviará en reparación de las blasfemias y para obtener la conversión de los pecadores; que recen el rosario todos los días.

Lucía se muestra confiada y le plantea algunas cuestiones personales: si dos jovencitas de la parroquia, que acaban de morir, están en el cielo, y si ellos mismos irán. Fijándose en Francisco, la Señora responde afirmativamente, a condición de que también rece el rosario. Hasta el momento, Francisco no ha sido favorecido por la aparición y al escuchar a Lucía hablar de él, le dice:

–Yo no veo a nadie. Tira una piedra para asegurarte de que hay alguien.

Cuando Francisco se arrodilla para rezar el rosario también consigue ver a la bella Señora, pero sigue sin oírla.

La primera aparición contiene ya una alusión a la situación internacional:

–Rezad el rosario todos los días para obtener la paz del mundo y el final de la guerra –dice la Señora.

–*Vossemecê*, ¿podríais decirme si la guerra durará aún mucho tiempo o si terminará pronto?

–No te lo puedo decir mientras no te haya dicho qué es lo que quiero.

«A continuación, la Señora se alejó lentamente en dirección al Este, hasta desaparecer en la inmensidad del espacio, rodeada de una intensa luz que parecía abrirle un camino a través del firmamento.»

En la segunda aparición, en el mismo lugar, aquella que aún no ha dicho su nombre pero que, en el espíritu de todos los que han oído hablar del prodigio (creyentes o no) a raíz de la indiscreción de los dos más pequeños, no puede ser otra que «Nuestra Señora», anuncia el próximo fin de Jacinta y Francisco, y ofrece a los niños la visión de su corazón «rodeado de espinas que lo atravesaban por todas partes». Estaban presentes unas cincuenta personas.

La tercera vez, el 13 de julio, en presencia de una «gran muchedumbre», la Virgen ofrece a los niños la visión del infierno, que Lucía describirá de la forma siguiente: «Nuestra Señora separó de nuevo las manos, como las dos veces anteriores. El haz de luz reflejado pareció penetrar en la tierra y vimos algo semejante a un mar de fuego. Dentro de este fuego estaban sumergidos los demonios y las almas, como si fuesen brasas, transparentes y negras, o tostadas, con forma humana. Flotaban en el incendio, suspendidas por las llamas, que salían junto con nubes de humo y caían por todas partes, igual que las chispas en los grandes incendios, sin peso ni equilibrio, con gritos y gemidos de dolor y desesperación que hacían temblar de espanto... Los demonios se distinguían por sus formas horribles y repugnantes de animales espantosos y extraños, pero transparentes, como carbones encendidos...».

Los asistentes más próximos escuchan en ese momento la exclamación de horror que sale de la garganta de Lucía. M. Marto, el padre de Francisco y Jacinta, confesará a De Marchi: «La muchacha manifestó una viva emoción. Su rostro se puso lívido y la oímos gritar: ¡Oh, Virgen Santa! ¡Oh, Virgen Santa!». La Virgen, tras esta breve visión, dijo a los videntes: «Habéis visto el infierno, adonde van a parar las almas de los pobres pecadores. Para salvarlos, Dios quiere establecer en el mundo la devoción a mi Corazón Inmaculado. Si hacéis lo que yo os diga, muchas almas se salvarán y habrá paz».

Los dos temas abordados anteriormente por el ángel de Portugal son desarrollados aquí: la salvación de los pecadores y la paz en el mundo. El segundo es objeto de una profecía:

«La guerra se acerca a su fin, pero si no se deja de ofender al Señor, bajo el reinado de Pío XI comenzará otra peor.

»Cuando veáis una noche iluminada por una luz desconocida, sabed que es la gran señal que Dios os da de que está próximo el castigo del mundo con la guerra, el hambre y las persecuciones contra el Santo Padre».

El autor de este libro, un niño en 1938, guarda entre sus más vivos recuerdos de la infancia el de la aurora boreal del 25 de enero de aquel año. Todos los periódicos europeos hablan extensamente sobre ella. El *Bulletin de la Société astronomique de France* demuestra su alcance: «Una aurora boreal de extraordinaria belleza se ha podido ver en Francia y en casi todos los países europeos desde el martes, 25 de enero de 1938, por la tarde hasta el miércoles 26 por la mañana. En Suiza, en el Jura, en Inglaterra, así como en las regiones del oeste, del suroeste y sureste de Francia, hasta Provenza, e incluso más al sur, en Italia, Portugal, Sicilia, Gibraltar, y hasta en el norte de África, el fenómeno mostró una excepcional intensidad para estas latitudes». El espectáculo es descrito de la forma siguiente: «Un bonito y pálido resplandor azul verdoso irrumpió en el cielo desde el nordeste hasta el noroeste. Por encima, de forma gradual, el cielo se cierra y forma una irregular bóveda roja. Una especie de nube encendida se condensa al nordeste y se desplaza hacia el noroeste como empujada por un misterioso soplo. La nube se enrosca, se ondula, se dilata, se desvanece, se reaviva, mientras inmensos rayos, cuya coloración pasa del rojo sangre al rojo anaranjado, ascienden hacia el cenit y rodean las estrellas. El variado y mágico espectáculo se anima con pulsaciones luminosas que se encienden y se apagan».

El fenómeno hace pensar en un gigantesco incendio, hasta el punto de que un almirante que patrulla con su escuadra a lo largo de las costas del norte de África, envía un cazatorpedero hacia el lugar donde imagina un barco en llamas. En otros sitios, algunos están convencidos de estar presenciando las primeras manifestaciones del fin del mundo; en Túnez se interpreta como «una advertencia de la ira celestial». En el norte de Francia, tierra azotada por las invasiones, muchos interpretan la señal celeste como el anuncio de la guerra que se siente próxima desde la reocupación de Renania y la formación del eje Roma-Berlín. Establecen esta relación por mero instinto, sin conocer la profecía, ya que si bien Lucía la ha revelado a sus confesores, a la superiora provincial de la orden en la que ha ingresado, al obispo de Leiria y a un canónigo de la diócesis, especializado en las apariciones, lo cierto es que hasta 1942 no será publicada por el papa Pío XII.

¿No se ha sentido impresionada Lucía por esta coincidencia?

De hecho, la Virgen ha anunciado esta guerra «bajo el reinado de Pío XI», lo que a primera vista resulta un anacronismo, ya que la guerra ha estallado bajo su sucesor, Pío XII. Lucía reconocerá más tarde: «No sabíamos si Pío XI sería un rey o un papa». Resulta inútil subrayar que en el momento de la profecía todo el mundo ignoraba que el siguiente papa se llamaría Pío XI. Los niños de la Cova da Iria nunca habían oído hablar más que del pontífice reinante, que era Benito XV. Ellos escuchaban y repetían lo que la Virgen les decía y, en realidad, no se había equivocado: Hitler invade Austria en marzo de 1938, y los territorios de los Sudetes en septiembre del mismo año. Por tanto, la guerra ya había empezado a fraguarse bajo el pontificado de Pío XI, que moriría el 10 de febrero de 1939. No es de extrañar que Nuestra Señora de Fátima no creyera en el Pacto de Munich.

Respecto al fenómeno meteorológico, ¿se trataba realmente de una aurora boreal? Lucía, en una de las memorias que redactará más tarde a petición de su obispo, escribe: «No ignoráis, Excelencia, que hace algunos años, Dios se manifestó mediante una señal que los astrónomos quisieron designar bajo el nombre de aurora boreal. Yo no lo sé, pero me parece que, si se examina bien, se verá que no era y no podía ser una aurora boreal, dada la forma en que se presentó. Pero, sea lo que sea, Dios se sirvió de ella para hacerme comprender que Su justicia estaba dispuesta a caer sobre las naciones culpables...».

Lucía recuerda también las palabras que pronunció la pequeña Jacinta antes de morir en 1920: «(Pienso) en la guerra que está por llegar. Va a morir tanta gente. Y casi todos van a ir al infierno. Muchas casas serán destruidas y muchos sacerdotes asesinados. ¡Ya ves! Yo iré al cielo y tú, cuando veas por la noche esa luz de la que nos hablaba Nuestra Señora y que llegará antes de la guerra, refúgiate también en él».

Pero la profecía del 13 de julio es doble. La Virgen no ha hablado solamente de la guerra, sino que también ha vaticinado «persecuciones contra la Iglesia y el Santo Padre», como revela la continuación del mensaje:

«Para impedirlo, vendré a pedir la consagración de Rusia a mi Corazón Inmaculado y la comunión reparadora de los primeros sábados.

»Si se escuchan mis peticiones, Rusia se convertirá y habrá paz. Si no, extenderá sus errores por el mundo, lo que provocará guerras y persecuciones contra la Iglesia; muchos hombres buenos serán martirizados, el Santo Padre tendrá mucho que sufrir; algunas naciones serán aniquiladas».

La palabra Rusia no decía gran cosa a los niños, no más que el misterioso Pío XI. Jacinta incluso llega a sugerir que debe de ser una mujer muy mala. Por supuesto, la URSS no se fundará hasta cinco años más tarde. Las apariciones se sitúan entre la revolución de Febrero y la revolución de Octubre (6 de noviembre de 1917 según nuestro calendario gregoriano). ¿Quién podía predecir entonces que Rusia se distinguiría por la propagación de sus errores en todo el mundo, que muchas naciones desaparecerían por su incorporación a la Unión Soviética, que la santa Rusia llevaría a cabo persecuciones contra la Iglesia y derramaría la sangre de una legión de mártires? ¿Quién podía prever el largo reinado del comunismo, aún lejos de restar caduco, y la permanencia de las ideas concebidas por aquellos que lo proyectaron?

Es la primera mención a la consagración de Rusia, sobre la que Nuestra Señora ofrecerá precisiones más tarde, el 13 de junio de 1929, cuando se aparezca de nuevo a Lucía en Tuy, España, y acabe con una nota de esperanza: «Pero, finalmente, mi Corazón Inmaculado triunfará. Rusia se convertirá y me será consagrada por el Santo Padre y le será concedido al mundo un tiempo de paz». Por el momento, ordena a Lucía y Jacinta que no hablen de esto con nadie, salvo con Francisco que, como de costumbre, ve la aparición pero no oye las palabras.

La aparición de julio incluye las dos primeras partes del secreto de Fátima, es decir, las revelaciones que los niños deben guardar en secreto hasta que se les diga lo contrario; la primera es la visión del infierno, la segunda es la profecía que concierne a Rusia y a la paz mundial. En una de sus Memorias, sor Lucía escribirá: «El Secreto comprende tres cosas distintas y yo desvelaré dos de ellas».

En cuanto a la tercera, a la cual dedicamos lo esencial de este libro, fue confiada a los niños aquel mismo día de julio, y ya está esbozada en el texto hecho público por el papa en 1942. Retomando el final del párrafo que ya hemos transcrito: «... el Santo Padre tendrá mucho que sufrir; algunas naciones serán aniquiladas».

En una de sus Memorias (la tercera), Lucía enlaza con: «Pero finalmente, mi Corazón Inmaculado triunfará...». En la cuarta Memoria añade: «En Portugal siempre se mantendrá la fe en la fe, etc...».

Tome buena nota el lector de este «etc.», ya que corresponde a la parte del mensaje oculta hasta hoy día y que tras muchas dificultades ha acabado en Roma, dentro de un sobre sellado que cinco papas han guardado, unos sin llegar a abrirlo, otros volviendo a cerrarlo tras haberlo abierto, en un pequeño cofre que lleva la etiqueta *Secretum Sancti Officii* (Secreto del Santo Oficio).

Esto hace pensar que el tercer elemento del «secreto» contiene algo sumamente preocupante, puesto que su divulgación parece implicar más consecuencias que la visión del infierno ofrecida a los tres pastorcillos y las revelaciones sobre la Rusia soviética, fuente de complicaciones diplomáticas antes de la caída del Telón de Acero.

CAPÍTULO 6

La ira de los campesinos – El verdugo de los niños ¿Qué quiere de mí Vuestra Merced? – La guerra terminará

La cita del 13 de agosto, como hemos visto, no se pudo cumplir. Así es como sucedieron los hechos. El ambiente político antirreligioso de Portugal en aquel tiempo no se ajustaba con el ir y venir de gente suscitado por las apariciones de la Cova da Iria. Aquella incontrolable «ola mística» amenazaba con extenderse a todo el país y comprometer así los esfuerzos de los librepensadores para erradicar de allí la fe en Dios, y sobre todo en la Virgen. El responsable local era un hojalatero llamado Arturo Oliveira Santos, un hombre zafio que se había hecho un sitio en la política gracias a un periódico fundado por él, *O Ouriense*, de difusión geográficamente restringida. Sin embargo, se sabe de la importancia que tuvieron en aquella época, y no sólo en Portugal, de estos periódicos, numerosos entonces y hoy casi desaparecidos.

Oliveira Santos había fundado también una logia masónica en la cabeza de distrito que administraba, Vila Nova de Ourem. De esta cabeza de distrito dependían Fátima y el caserío de Aljustrel, donde vivían los pequeños videntes. Podemos imaginarnos el desprestigio que significaban para él las visitas de la Virgen María, que se veía incapaz de impedir. Así, concibió un plan para evitar la cita del 13 de agosto y todas las posteriores. A su modo de ver, todo tenía lugar en la imaginación de los pastorcillos y, si no había videntes, no habría apariciones. La mejor forma de impedirles acudir a la encina era encerrarlos. Y, ciertamente, no había ninguna otra única solución, puesto que los niños se mostraban obstinados como borricos.

En su calidad de sustituto de juez local, cita a los niños y a sus padres: el de Francisco y Jacinta, Ti Marto, y el de Lucía, Antonio. Ti Marto decide acudir solo y recorre a pie, junto con su cuñado y Lucía, las tres leguas que separan sus casas de la oficina administrativa. En el transcurso del interrogatorio, Antonio no concede importancia a las apariciones, mientras que, pese a los sarcasmos, Ti Marto asegura: «Yo creo en lo que dicen». Pero como no se hallan presentes todos los implicados (sólo hay uno de los tres niños), Oliveira Santos debe posponer la ejecución de su plan y ultimar los detalles.

La mañana del 13 de agosto fue el momento elegido para actuar por sorpresa. Se presenta de improviso en casa de Ti Marto y le dice que también él quiere «asistir al milagro»: «Iremos todos, yo llevaré a los pequeños en mi coche. Ver y creer, como santo Tomás, eso es lo que quiero». Estas palabras, que muestran una gran similitud con las que Herodes dijo a los Reyes Magos: «Cuando lo hayáis encontrado, regresad para contármelo, pues también yo quiero ir a adorarle», producen en el labriego un gran desasosiego. Pero hay que esperar a que los «pequeños» regresen con los rebaños y tardan cierto tiempo. Nada más verles, el hojalatero echa el freno y les invita a subir a su calesa, pero los niños rechazan el ofrecimiento. Para recuperar su confianza, decide llevarles a casa del cura para que éste les haga unas preguntas. Se trata de un interrogatorio más de los muchos por los que tendrán que pasar en los próximos años. Las respuestas de Lucía nos recuerdan las de Juana de Arco:

–Los que propagan mentiras como la que acabáis de decir serán juzgados e irán al infierno si no dicen la verdad.

–Si los que mienten van al infierno, entonces no iré al infierno, puesto que yo no miento. Digo solamente lo que he visto y lo que la Señora me ha dicho. Y en cuanto a la gente que allí va, lo hace porque quiere. Nosotros no llamamos a nadie.

Durante esta conversación, el carruaje del administrador ha sido conducido al pie de la escalera y con la excusa de que se hace tarde, hace entrar a los niños. «El caballo partió al trote en dirección a la Cova da Iria –cuenta Ti Marto– y me sentí algo aliviado. Pero al llegar al camino, cambió bruscamente de dirección y con un latigazo le hizo dirigirse como una flecha hacia Vila Nova de Ourem. ¡Había preparado bien la jugada!»

Por el camino, los peregrinos que acuden a la Cova se dan cuenta de lo ocurrido y lanzan piedras contra el carruaje. El hojalatero esconde a los niños bajo una manta. En el mismo lugar, los labriegos se agrupan con la intención de ajustar las cuentas al administrador y al cura, al que consideran cómplice. Ti Marto, a duras penas puede contenerles. Nos podemos hacer una idea de la cólera que les embargó leyendo la justificación que el cura publicará después del incidente en los periódicos, incluido el de Oliveira Santos, *O Ouriense:*

«Mi corazón de sacerdote católico se cree en la obligación de gritar ante el mundo entero que yo no he tomado parte, ni la más mínima, directa o indirectamente, en el acto odioso y sacrílego que ha sido cometido con el repentino secuestro de los niños que, en esta parroquia, dicen haber visto a Nuestra Señora... El administrador en ningún momento me hizo partícipe de sus intenciones. Resulta providencial que los espíritus, airados por este diabólico rumor, se hayan calmado. De otro modo, esta parroquia tendría que lamentar hoy la muerte de su párroco, acusado de cómplice de este rapto... ¿Con qué fines se escogió mi casa? No lo sé. Sólo sé que declino toda responsabilidad respecto a tal procedimiento...».

Y mientras que la Virgen se manifestaba en la Cova da Iria mediante diversas señales de las que ya hemos hablado, los tres pastorcillos estaban retenidos en la casa del administrador. Durante tres días, este hombre intenta de todo para conseguir que hablen y lo cierto es que el gran deseo de este incrédulo es conocer el secreto. No cree en la Virgen, pero quiere saber lo que ha dicho. Las pruebas que han de soportar los tres pequeños pueden parecer propias de un drama truculento, pero resultan abominables si tenemos en cuenta la edad y la inocencia de los niños, que se

43

toman en serio las patochadas de este rufián. Les encierra en la cárcel, con los presos comunes, ordena delante de ellos que se ponga al fuego una gran caldera de aceite y les hace llamar de uno en uno por un guardián de aspecto horrible. Cuando acude a buscar a Francisco, le anuncia que su hermana ya «está frita» y que lo mismo le va a ocurrir a él. El mismo método es empleado con Lucía.

Éste es el refinamiento más innoble de este miserable: cuando los tres niños están juntos y dan gracias al Cielo por haber escapado de esta muerte atroz, les asegura que no tardarán en ser fritos los tres juntos.

El verdugo no soltará a sus rehenes hasta el 15 de agosto, sin haber conseguido otra cosa que dar consistencia a lo que él negaba: el hecho de que, ante la muerte, estos tres niños de 7, 9 y 10 años hayan mantenido lo que aseguraban y se hayan negado a revelar lo que no querían decir es, si no una prueba, sí al menos un fuerte elemento a favor de su veracidad. «Creo en los testigos que se dejan matar».

Una vez liberados, son mal acogidos, al menos por los padres de Lucía: «Como muestra de regocijo por mi regreso, me enviaron inmediatamente a reunir el rebaño y conducirlo a los pastos. Mi tío y mi tía preferían mantener a los niños en casa y enviaron en su lugar a su hermano Juan. Como se hacía tarde, nos quedamos cerca del caserío, en Valinhos».

Al domingo siguiente, en los Valinhos, después de la misa, Lucía y Francisco sienten «algo sobrenatural que se aproximaba y nos envolvía». Jacinta no está con ellos y envían a Juan a buscarla. Nuestra Señora la espera. Se produce la cuarta aparición, seguida en septiembre de la quinta. Las palabras de la Virgen en estas dos ocasiones giran en torno a los temas siguientes: les invita a que sigan yendo a la Cova da Iria los días 13 de septiembre y octubre, y les confirma que este último día realizará el milagro que les ha prometido. Sin embargo: «Si no hubiéseis sido retenidos, el milagro habría sido más grandioso». El mismo día, la Sagrada Familia se reunirá, ya que San José vendrá con el Niño Jesús «para bendecir al mundo, para dar la paz al mundo». Es necesario que los niños sigan rezando y haciendo sacrificios por los pecadores: «pues muchas almas van al infierno porque no hay nadie que se sacrifique ni rece por ellas».

A continuación, se preocupa por la piedad popular y menciona los nombres con los que quiere que se la rece: Nuestra Señora del Rosario, Nuestra Señora de los Dolores, Nuestra Señora del Carmen. Finalmente, les da instrucciones para la procesión que se llevará a cabo y la capilla que quiere que le construyan en el lugar de las apariciones.

Hemos contado el prodigio del 13 de octubre tal y como lo han vivido los asistentes. La visión de los niños ha sido la siguiente: el relámpago, o más bien, la luz incomparable que ilumina el cielo, después la aparición de Nuestra Señora sobre la misma encina, a la que cada día restan menos hojas, pues los peregrinos se las llevan como reliquia. Lucía, la única que habla con la aparición, pregunta confiadamente:

–¿Qué deseáis de mí, *Vossemecê*?

–Deseo que en este mismo lugar se levante una capilla en mi honor...

Y, fiel a su promesa, dice quien es:

–Soy la Virgen del Rosario.

¿Cuáles son sus otras recomendaciones? Que los niños sigan rezando el rosario todos los días y que no se ofenda más a Nuestro Señor, que ya recibe demasiadas ofensas.

De nuevo, predice:

–La guerra va a terminar y los soldados regresarán pronto a sus casas.

A las súplicas particulares (curaciones, conversiones) que Lucía solicita como intermediaria de numerosas personas, la Virgen impone una condición:

–Es preciso que los hombres se enmienden, que pidan perdón por sus pecados.

La Virgen solamente es visible a los ojos de los niños. Sin embargo, en el lugar de la aparición los asistentes ven formarse y elevarse en el aire, como el mes anterior, tres nubes sucesivas que no proceden de ningún incensario y que no tienen un origen físico identificable.

Lucía grita: «¡Se va! ¡Se va!», y después: «¡Mirad el sol!».

«Éste es, Excelencia, el motivo por el que grité que mirasen el sol. No pretendía atraer la atención del pueblo, pues ni siquiera había reparado en su presencia. Lo hice solamente impulsada por un movimiento interior que me arrastraba a ello. Una vez desaparecida Nuestra Señora en la inmensidad del firmamento, vimos junto al sol a san José con el Niño Jesús y Nuestra Señora, vestida de blanco y con un manto azul. San José y el Niño parecían bendecir al mundo haciendo cruces con la mano. Poco después, disipada esta visión, vi a Nuestro Señor y a Nuestra Señora, y me dió la impresión de que se trataba de la Virgen de los Dolores. Nuestro Señor parecía bendecir el mundo de la misma forma que san José. Esta visión desapareció y aún me pareció ver a Nuestra Señora manifestarse como Nuestra Señora del Carmen.»

CAPÍTULO 7

Los años acabados en 17 – Los últimos carbonari
Una situación explosiva – ¿Es culpa de la Virgen?

Las apariciones de Fátima no tuvieron lugar *sine tempore,* en una fecha aleatoria de la Historia. ¿Por qué 1917 y no 1914, por ejemplo, o 1939, fechas clave que marcan el inicio de acontecimientos importantes? En realidad, 1917 es una fecha clave, puesto que recuerda o anuncia cambios de dirección decisivos en la evolución, a la vez política y religiosa, del mundo. En 1517, Martín Lutero exhibe en las puertas de la iglesia del castillo de Wittenberg las célebres 95 tesis que desembocarán en la Reforma. En 1717, se funda en Londres la «gran Logia», que será la madre, a través de las Constituciones de Anderson, de la francmasonería universal. En 1917, poco después del milagro solar de Fátima, la Revolución de Octubre dará nacimiento al régimen bolchevique. Tres corrientes de pensamiento y tres movimientos que derivan uno de otro.

Sin conceder una importancia excesiva a la numerología, no podemos pasar por alto esta coincidencia de fechas.

Cuando la Virgen se aparece a los tres pastorcillos, se cumple el bicentenario de la francmasonería, lo que da lugar a celebraciones y festejos en numerosos países. La francmasonería fue implantada en Portugal en 1727, a raíz de un acuerdo comercial angloportugués que supuso una importante influencia británica sobre el pequeño reino; poco a poco, ha ido introduciéndose en todos los mecanismos del Estado y se ha hecho sumamente poderosa en su forma más antirreligiosa.

Para un alumno de enseñanza media, la historia de Portugal se detiene en Enrique el Navegante y Vasco de Gama. Desgraciadamente, son mal conocidos los acontecimientos sociopolíticos que marcaron a este país durante los siglos XVIII y XIX. Desde la brutal expulsión de los jesuitas en 1759 por el marqués de Pombal, la lucha antirreligiosa será casi una constante de la política interior portuguesa. La Revolución francesa y las invasiones napoleónicas son las causas de una guerra civil que durará varios años. En 1834, el ministro Aguiar suprime las órdenes religiosas, al igual que habían hecho en Francia los revolucionarios de 1789, y los bienes eclesiásticos son confiscados. La persecución se suaviza durante bastantes años hasta que el sector republicano de los francmasones, bajo la influencia de los hechos acaecidos en Francia tras la caída del Imperio, inaugura una nueva era anticlerical. El partido republicano se organiza igual que los carbonarios: en *ventas* de veinte miembros cada una, con una *alta vendita* que integra el consejo supremo. Precisamente dos carbonarios son los que asesinan al rey Carlos en 1908. La república es instaurada en 1910, e inmediatamente entran en vigor las leyes Pombal: supresión de las órdenes religiosas, expulsión de religiosos, privación de la nacionalidad portuguesa a los jesuitas... Durante mucho tiempo, las iglesias y conventos serán saqueados; sólo en el año 1917, un historiador contabilizó ciento once iglesias saqueadas (cuarenta y dos de ellas en Lisboa), en ocasiones con profanación del Santísimo Sacramento.

Se proscribe la enseñanza religiosa en las escuelas, se prohíbe el uso de la sotana y se secularizan los cementerios: los portugueses no pueden ser inhumados «en tierra santa»; se llega incluso a restringir el repique de campanas para las ceremonias del culto. Finalmente, se aprueba la ley de separación entre Iglesia y Estado, instigada por Afonso Costa, autor de la célebre proclama: «Gracias a esta ley de separación, en dos generaciones el catolicismo será completamente erradicado de Portugal». Se legaliza el divorcio y lo que hoy llamaríamos liberación sexual se instaura en la sociedad; las costumbres patriarcales desaparecen, lo que da paso a un desenfreno generalizado; en Lisboa se registra una alta tasa de prostitución y de criminalidad. A esta persecución se suma una crisis económica sin precedentes, a la que en nada ayuda la guerra en la que ha entrado Portugal.

Los católicos organizan la resistencia, creando un movimiento a la vez apostólico y político, el CADC, Círculo Académico de Democracia Cristiana. El gobierno reacciona exiliando al patriarca de Lisboa y a numerosos obispos, al tiempo que encarcela a numerosos sacerdotes.

En esta delicada y conflictiva situación se aparece la Santísima Virgen en la Cova da Iria. Es comprensible, pues, que previamente se haya hecho anunciar por el Ángel de Portugal. Como también es comprensible la audacia y el cinismo del hojalatero de Vila Nova de Ourem, administrador de un régimen sectario entonces poderoso, la comedia de Santarem, la ira de los aldeanos, la prudencia del cura, el valor de los niños y de sus familias, principalmente la de Francisco y Jacinta.

El mensaje de Fátima tiene un sentido sobrenatural, ciertamente, pero también político, y en su contenido se aprecia que ambas cosas están ligadas. Las apariciones tendrán, por lo demás, consecuencias políticas inmediatas sobre Portugal. El prodigio solar se había producido el sábado 13 de octubre. Al día siguiente, se celebraban las elecciones municipales y el partido más poderoso iba a sufrir un serio descalabro: en Lisboa pierde 95.000 votos, mientras que el CADC dio un paso adelante de forma inesperada. En Leiria, consiguió una amplia mayoría. En todo el país, los republicanos experimentaron un claro retroceso.

Los periódicos del lunes consiguen encajar el golpe. *O Seculo* no ve más salida que relacionar los dos últimos acontecimientos: la danza del sol y el fracaso del partido en el poder. La relación causa-efecto era tan aparente que otro periódico, *O Dia*, no duda en plantear la siguiente cuestión: «¿No habrá sido culpa de la Virgen?».

Es la misma comparación que no han dejado de hacerse ciertos políticos que, en los últimos tiempos, comenzaban a preguntarse si la anarquía generalizada no habrá sido consecuencia de la persecución religiosa. Sin embargo, la expresión empleada por *O Dia*, «culpa de la Virgen», es señal de la rabia contenida más que del reconocimiento de un importante error político.

A pesar del sincero examen de conciencia realizado por algunos dirigentes de mente lúcida, nadie va a impedir que del seno de la base surja la demostración de dicha rabia contenida. La noche del 23 de octubre, unas sombras se dirigían hacia la Cova da Iria, guiadas en el último trecho del recorrido por las dos lámparas de acero colgadas del pórtico y que manos piadosas mantienen constantemente encendidas. Al parecer, se trata de dos o tres hombres, quizá más, que pertenecen a la «venta» local. Descuelgan las lámparas y las cruces hechas con ramas, tumban los postes, talan la encina y lo transportan todo hasta un coche que han dejado en las proximidades. Al día siguiente, exponen el fruto de su rapiña en una casa de Santarem; cobran entrada y destinan los fondos recogidos para los comedores de las escuelas. Lucía relata que en cuanto supo lo sucedido corrió hasta la Cova y comprobó con alegría que se habían equivocado de encina y no se habían llevado la de las apariciones. Sin embargo, aquella misma tarde, en una procesión burlesca, exhibieron el pequeño árbol y los demás objetos robados. El rechazo fue casi unánime: una mujer les lanzó un cubo de agua desde una ventana y los periódicos juzgaron severamente la patochada.

Ese mismo mes, se publicaba un manifiesto libertario en el que se podía leer: «¡Ciudadanos, se pretende llevar al pueblo portugués a la Edad Media para embrutecerle y volverle ignorante! ¡A nosotros, que estamos preparados para mostrar al pueblo la necedad de lo sobrenatural! Las leyes de la naturaleza son inmutables y no existen los milagros». Se repartieron numerosos panfletos, uno de los cuales, reproducido por De Marchi, empieza así: «¡A los liberales portugueses! ¡La reacción desencadenada! Contra la vergonzosa especulación y la ridícula farsa de Fátima, la Asociación del Matrimonio Civil y la Federación Portuguesa del Librepensamiento protestan enérgicamente».

El primer domingo de diciembre, los carbonarios deciden dar un golpe de efecto. A bombo y platillo, anuncian la celebración de un gran congreso del librepensamiento en el mismo lugar del milagro. Los discursos se pronunciarán ante la iglesia de Fátima y después se acudirá en masa hasta la Cova para desenmascarar la superstición y «protestar contra la especulación clérico-mercantil que se lleva a cabo en Fátima».

Los congresistas habrían podido reunirse en una cabina telefónica si las hubiese habido en aquella época: unos dicen que eran seis, otros que ocho, entre los que encontramos al hojalatero Oliveira Santos y tres delegados de una asociación de Lisboa. El número de policías movilizados para proteger la manifestación excedía en mucho al de participantes. Al bochorno de este fracaso añaden otro más: para completar el programa, se dirigen, seguidos por todos los guardias, hacia el lugar de las apariciones para, una vez allí, abuchear de nuevo a las fuerzas «clérico-reaccionarias». Los aldeanos les habían preparado una curiosa recepción: a su llegada, media docena de borricos atados a unos cuantos árboles comenzaron a rebuznar todos a una; al pie de la verdadera encina habían preparado paja y forraje. Varios muchachos encaramados en los árboles interrumpieron los discursos con invocaciones piadosas pregonadas a viva voz. Hubo algunas persecuciones a través de la landa, pero los policías perdieron el tiempo, ya que los jóvenes campesinos, e incluso tres mujeres que se habían reunido con ellos después de la misa mayor, se conocían al dedillo todos los escondrijos de aquellos lugares.

La diferencia era abismal entre este fallido congreso y el de 1911, en el que los liberales al completo se felicitaban entre sí por las leyes antirreligiosas que acababan de promulgar.

CAPÍTULO 8

El asesinato del presidente – La camioneta fantasma – La estatua de Gilberto La caballería portuguesa contra Nuestra Señora

Aquel ridículo congreso había sido el canto del cisne de los liberales. Dos días más tarde se producía un golpe de Estado encabezado por Sidonio Pais, nombrado ministro por la República y después elegido jefe del gobierno dictatorial. Esto ocurre el 8 de diciembre, día de la Inmaculada Concepción y fiesta patronal en Portugal: los católicos portugueses ven en ello una nueva señal del Cielo, pues a pesar de sus relaciones y de su pasado, el nuevo presidente iba a poner fin a la persecución religiosa desde el día siguiente, como si éste hubiese sido el punto más importante de su programa.

¿Fue debido a la ola de conversiones suscitada por las apariciones? En cualquier caso, parece que se hubiese producido una transformación interior en Pais, catalogado hasta entonces como francmasón y librepensador, y que formaba parte del gobierno anterior. El secretario general de la Asamblea nacional, Costa Brochado, confesará más tarde al canónigo Barthas que «para él, Sidonio Pais era un convertido de Fátima, ya que se sentía apoyado en su acción por la Santísima Virgen».

Lo cierto es que este hombre trabajó a marchas forzadas. El patriarca de Lisboa y los obispos exiliados reciben la autoriza-

53

ción para regresar al país, los edificios religiosos confiscados por el Estado son restituidos para el culto, el nuevo presidente suprime la comisión encargada de ejecutar la ley de separación entre Iglesia y Estado e incluso, cosa inaudita, asiste a una misa en la catedral por los soldados muertos durante la guerra. Pero no se detiene ahí: reanuda las relaciones diplomáticas de Portugal con el Vaticano, permite el regreso de las congregaciones disueltas y prepara una ley para devolver a los jesuitas sus prerrogativas. Un viento fresco sopla sobre la Iglesia de Portugal: comienza la reorganización de los seminarios, para los que no faltan solicitudes, y los movimientos de acción católica empiezan a desarrollar su prensa, reducida hasta entonces a unas hojas diocesanas.

Ni que decir tiene que los amigos políticos de Sidonio Pais no comparten sus ideas; en poco tiempo se ha convertido en su enemigo e intentan borrarlo del mapa. Un año después de su llegada al poder, es objeto de dos atentados, en el segundo de los cuales pierde la vida. Pais se ha mostrado valiente hasta el final: «Avisado de que no cogiera el tren ante la amenaza de un atentado –escribe Costa Brochado–, Pais declara que un jefe de Estado no debe modificar sus desplazamientos por razones de este tipo. Alcanzado en la estación misma de Rossio, en Lisboa, expira finalmente en la mesa de operaciones del hospital de San José, con un crucifijo sobre su pecho desgarrado por las balas».

El breve gobierno de Sidonio Pais supuso algo más que una mejoría: el poder masónico reconstituido no se sentirá lo bastante seguro como para reclamar la libertad religiosa y los decretos no serán revocados. Podemos verificar que en poco tiempo se habían cumplido dos de las profecías de la Virgen: «Portugal conservará el dogma de la fe...» (entendiendo Portugal en tanto que Estado, que renuncia a su ateísmo oficial) y: «La guerra se acerca a su fin...»; en abril de 1918 Sidonio Pais ha retirado las tropas portuguesas del escenario de las operaciones, donde tan sólo quedarán algunos efectivos de voluntarios; el resto de los soldados ha podido regresar a sus hogares.

Sin embargo, los liberales no han abdicado; consideran que la nueva distribución está relacionada con las apariciones y, durante varios años, continuarán sus ataques contra Fátima. Ahora bien, mientras que la atracción se atenúa con el tiempo, cada día 13 los peregrinos son más numerosos, hasta llegar a contarse por cientos de miles. Eliminando los efectos, creen suprimir la causa, pero la afluencia de los fieles es el efecto más espectacular. María Carreira, de la que ya hemos hablado anteriormente, describe la escena que se desarrolla en cada ocasión: «Había gentes del país y gentes que venían de lejos. Los hombres llegaban con un bastón y sus provisiones al hombro; las mujeres, con sus pequeños en brazos; incluso llegaban ancianos que apenas si tenían fuerzas. Todos se arrodillaban cerca de la encina en la que Nuestra Señora se había aparecido. Nadie parecía decepcionado ni cansado. Allí no se vendía nada, ni siquiera un vaso de agua ni de vino, absolutamente nada. ¡Qué tiempo aquel, dedicado sólo a la penitencia!».

El 13 de mayo de 1920, día fijado para entronizar la estatua conmemorativa de las apariciones, las autoridades civiles deciden acabar con todo el asunto. Desde el 24 de abril, la administración se pone en pie de guerra: llega una carta del gobierno civil del distrito al administrador de Vila Nova de Ourem, que sigue siendo nuestro hojalatero-verdugo de niños, en la que se ordena emprender acciones legales contra los organizadores de la manifestación, se dan consignas a los *regedores* de las parroquias del concejo (funcionarios encargados de la policía) y se moviliza al administrador de la guardia municipal, que será incrementada con una importante fuerza armada que el comandante militar ha aceptado enviar. El objetivo es doble: interceptar los caminos de acceso e imponer un cordón sanitario alrededor de la Cova.

Tenemos un testigo del mayor interés por su facilidad para relatar y su profundo conocimiento del tema: el canónigo Formigao, profesor en el seminario y en el instituto de Santarem. Erudito de carácter apacible, ha sido el primero en realizar investigaciones sistemáticas en Fátima. Se encuentra en el lugar de los hechos desde la quinta aparición y ha hecho sufrir a los niños con rigurosos interrogatorios cuyo contenido ha anotado cuidadosamente. Desde entonces no dejará de pasar por el tamiz de su juicio crítico todos los testimonios recibidos, que le confirman su primera impresión: los pequeños videntes no están contando ninguna fábula.

El 13 de mayo de 1920, pues, el canónigo regresa a Vila Nova de Ourem antes de tiempo. Se ha desencadenado una terrible tormenta. Habiendo encontrado alojamiento en un pequeño albergue frente a la iglesia, es despertado por un ruido de galope: un escuadrón de la Guardia republicana se dirige hacia Fátima. Llega la noticia de que en varios municipios, los administradores han impedido la salida de vehículos. La cosa parece empezar mal. La lluvia ha cesado y Formigao sale a la calle: «Y entonces empecé a ver pasar coches, carretas, automóviles, camiones, gente a pie, a caballo, un verdadero desfile... Pesados carros con bancos, tirados por mulos con tintineantes cencerros, van llenos de gente que ríe alocadamente al ver la figura del administrador como yo la veo, plantado en medio de la calle con su sombrero de paja, algo desconcertado, riendo de dientes para afuera... Hay carretas adornadas con guirnaldas de flores, ruidosos coches que hacen sonar sus bocinas y sus sirenas, pesadas y jadeantes camionetas con el techo cubierto de cestas con provisiones y cortinas que se agitan...».

Al comprobar que, aparentemente, el paso está permitido, el reverendo a última hora de la mañana regresa a Fátima caminando por un sendero... para encontrarse en la plaza del pueblo con una gran parte de la comitiva que ha visto desfilar, «varios miles de personas» precisa. Hasta el mediodía se ha dado carta blanca, pero después ha llegado una orden de arriba. El camino está cortado por fuerzas de infantería y caballería. Un hombre que pretende franquear la barrera provoca una carga, mientras que unos campesinos que no se habían metido con nadie reciben una tunda de cintarazos. Muchas personas, incluidas mujeres de la burguesía que no temen ensuciar sus elegantes vestidos, se lanzan a través de los campos bajo la lluvia para llegar, cueste lo que cueste, hasta la Cova, arrodillarse allí y rezar el rosario. «¿Hay algo aquí que realmente pone en peligro el régimen?» –escribe Formigao. Efectivamente, así lo demostrarán los acontecimientos posteriores.

El canónigo relata así su última visión al tomar el tren: «Un honorable comerciante, al parecer republicano, recriminaba al administrador del municipio, que se opusiera al progreso del país y obstaculizara los negocios de los comerciantes. ¡Resulta estúpido!, concluía. Tenga en cuenta que esta prohibición ha restado 20.000 escudos a las casas de alquiler de coches de Tomar, Ourem y Torres Novas».

Sin embargo, el hojalatero se iba a ver compensado de todos estos exabruptos. Las autoridades del distrito le envían quince días más tarde una carta de felicitación que empieza de este modo:

«Estimado Señor:

La Federación Portuguesa del Librepensamiento os hace llegar sus sentimientos de profunda simpatía por la forma abiertamente republicana y librepensadora con la que habéis actuado a propósito del presunto milagro de Fátima, por medio del cual la reacción jesuita y clerical pretende aprovecharse de la ignorancia popular...».

Por simple precaución, la estatua no ha sido colocada en su lugar. Se trata de una talla en madera policromada que un hombre de la región, Gilberto, había hecho por cuenta propia y cuya imagen, desde entonces, ha dado la vuelta al mundo. En un principio, es guardada en casa de María Carreira y llevada a la Cova solamente los días de fiesta. Esta precaución resulta justificada si tenemos en cuenta el atentado del 6 de marzo de 1922. Aquella noche, una terrible explosión despertaba a los habitantes de aquellas tranquilas tierras. En la pequeña capilla, la primera que se construye en el emplazamiento de las apariciones, habían sido colocados cinco cartuchos de dinamita. Como consecuencia de la explosión, las paredes se resquebrajan, el techo se derrumba y se declara un incendio. Sin embargo, el cartucho destinado a destruir lo que quedaba de la encina milagrosa no explosionó. El asunto llegó hasta el mismo parlamento, pero no tuvo ninguna repercusión para los culpables, a los que la población local, sin mucha dificultad, pudo identificar entre los allegados al hojalatero.

El resultado más claro fue una peregrinación local de reparación que agrupó a 10.000 personas, seguida de una peregrinación nacional que reunió en la Cova da Iria a casi tanta gente como el día del prodigio solar. Los esfuerzos de los liberales hacían que las cosas volvieran a su punto de partida. Las prohibiciones y diversas medidas vejatorias se sucedieron hasta 1924, pero en vano. Un día incluso se enviaron soldados a la Cova para impedir el acceso del público. Cuanto más se esforzaba el poder en atajar el fenómeno, mayor era la afluencia de gente al lugar: el 13 de mayo de 1924 se contabilizaron 200.000 personas. Este día, precisamente, se produce por tercera vez el fenómeno de la lluvia de flores. Durante este tiempo, el país continuaba hundiéndose en la anarquía. La desaparición de Sidonio Pais había marcado la vuelta al desorden; se sucedían los abusos de autoridad y golpes de mano: restablecimiento efímero de la monarquía en el norte del país por los realistas, constantes fracasos de los gabinetes ministeriales, manifestaciones en las calles, huelgas y atentados con bomba. Una nueva fuerza ha hecho su aparición: los comunistas de la «Legión roja», excitados por la revolución bolchevique. Éstos no se andan con rodeos: el 19 de octubre de 1920 llegan al domicilio del presidente del municipio en una camioneta que se llamará la «camioneta fantasma», a la que le hacen subir, al igual que a diversos responsables políticos, cuyos cuerpos aparecerán más tarde horriblemente mutilados.

Durante este tiempo, y en la sombra, se prepara el golpe de estado militar que encabezará el general Gomes da Costa, comandante en jefe de las tropas portuguesas durante la Primera Guerra Mundial. El levantamiento se inicia en mayo de 1926 en Braga; en ese mismo momento, un congreso mariano reúne a 200.000 personas en torno a todos los obispos del país, lo cual habría sido inconcebible diez años antes, en primer lugar porque estaba prohibido y en segundo lugar porque nunca habría podido contar con tal número de participantes. Ambos acontecimientos, pese a no guardar ninguna relación entre sí, van a desarrollarse en curiosa concomitancia.

El 28 de mayo, una larga procesión de antorchas atraviesa la ciudad de noche. Desde la mañana, los regimientos levantados por los conjurados han empezado a moverse; lo mismo sucede en el sur del país, donde los sublevados parten de Évora bajo el mando del general Carmona. En Lisboa, la población ha sido informada mediante la distribución de manifiestos que explican el programa de renovación de la Junta de Salud Pública. El 29 por la mañana todo ha concluido: el gobierno dimite. No se ha derramado ni una gota de sangre. Los días siguientes conocerán la disolución de las Cámaras y la dimisión del presidente de la República. La Revolución Nacional llevará al poder, dos años más tarde, al profesor Antonio de Oliveira Salazar.

Antes de pronunciar cualquier opinión sobre el régimen de autoridad que se instaura en ese momento, tras treinta años de anarquía, hay que reconocer que se produce un restablecimiento indiscutible en el ámbito de la paz interior y exterior. La economía experimenta una rápida recuperación (el presupuesto se equilibra en un año). Portugal permanece al margen de la sangrienta guerra civil española, iniciada en 1936, y de la Segunda Guerra Mundial; únicamente autoriza a Gran Bretaña y a los Estados Unidos la utilización de las Azores para vigilar el Atlántico. En 1940, el Estado firma con el Vaticano un concordato que Pío XII considera como un modelo en su género.

Para los obispos portugueses, la relación entre las apariciones y el período de paz que vive el país es evidente. En el 25 aniversario de los acontecimientos, en 1942, escriben: «Aquellos que hubiesen cerrado los ojos hace veinticinco años si los abriesen hoy no reconocerían Portugal, de lo grande que ha sido la transformación operada por este factor modesto e invisible que fue la aparición de la Santísima Virgen».

CAPÍTULO 9

Los interrogatorios – Dos millones de peregrinos
El veterano de las Brigadas Internacionales
Las palomas de Fátima contra la paloma de Picasso

Buscando la palabra Fátima en el diccionario Larousse en quince volúmenes (1986), encontramos estas once líneas, junto con una foto del santuario en su estado actual:

«Ciudad de Portugal, sobre la meseta de Extremadura (distr. de Santarem). En 1917, tres jóvenes pastores declararon haber sido allí testigos de seis apariciones de la Santísima Virgen y de fenómenos sobrenaturales: una multitud cada vez mayor, cifrada en 30.000 personas durante la quinta aparición y en 70.000 personas el 13 de octubre (cuando se habría producido el prodigio del Sol girando y descendiendo en espiral hacia la Tierra), acudió desde todo Portugal. Más tarde, el santuario de Fátima, próximo al pueblo, ha pasado a ser uno de los mayores centros de peregrinación».

Aunque el Larousse no se pronuncia sobre la autenticidad de las apariciones, no podemos dejar de observar el uso del tiempo condicional en lugar del presente a la hora de mencionar el prodigio del Sol. Si este prodigio no ha tenido lugar, si nada ocurrió el 13 de octubre de 1917, si el testimonio de 70.000 personas no es suficiente, si las observaciones efectuadas en el lugar de los

61

hechos por hombres de ciencia y periodistas son erróneas, ¿cómo explicar que Fátima se haya convertido en «un lugar de peregrinación tan frecuentado», hasta el punto de que tres cuartos de siglo más tarde se contabiliza una afluencia de gente que algunos días sobrepasa los dos millones?

Pero el reconocimiento de las apariciones, como escribía el periodista de *O Seculo,* es asunto de la Iglesia. Ésta, que nunca ha procedido a la ligera en este campo, ¿qué actitud ha mantenido? Antes de avanzar más en el tema conviene hacerse una idea exacta.

Una de las primeras señales al respecto es la decisión del papa Benito XV de restaurar el obispado de Leiria, lo que tiene lugar en enero de 1918, y de designar un titular. Evidentemente, esta medida no carece de conexión con las apariciones. La diócesis, excluida del mapa eclesiástico desde hace cuarenta y cinco años, se halla en tal abandono que la capital no dispone más que de un solo sacerdote. Monseñor José Correia da Silva, el nuevo obispo, devoto de Lourdes, no tiene ideas preconcebidas sobre Fátima cuando toma posesión de su cargo y no lo considera el tema prioritario de sus preocupaciones. Tarda un año en hacerse una idea, ante la constante insistencia del padre Formigao, pero a partir de entonces, autoriza que se diga misa en el lugar de las apariciones los días de gran afluencia. Sin embargo, habrá que esperar diez años más para que, tras una encuesta canónica, finalmente las reconozca de forma oficial. La carta pastoral, leída solemnemente por él mismo el 13 de octubre de 1930 cerca de la *capelinha* y de la encina, ante una considerable audiencia, termina con esta fórmula jurídica:

«En virtud de las consideraciones que acabamos de exponer, y de otras muchas más que omitimos por brevedad, invocando humildemente al Espíritu Santo y confiándonos a la protección de la Santísima Virgen, después de haber escuchado a los Reverendos Consultores de nuestra diócesis, decidimos:

1. Declarar dignas de fe las visiones de los pastorcillos en la Cova da Iria, dependiente de esta diócesis (del 13 de mayo al 13 de octubre de 1917);

2. Permitir oficialmente el culto de Nuestra Señora de Fátima».

Aún estamos bajo el pontificado de Pío XI. Éste ya se había adelantado: *L'Osservatore romano* había sido autorizado a publicar el informe de la peregrinación del 13 de mayo de 1928. El canónigo Barthas relata también la anécdota de un obispo portugués que, a diferencia de sus colegas, mostraba ciertas dudas con respecto a Fátima y así se lo confesó al papa.

–¿Cuántos seminaristas teníais antes de 1917? –le preguntó éste.

–Dieciocho, Santo Padre.

–¿Cuántos tenéis ahora?

–Ciento veinte.

–¿Y qué esperáis para ir a dar las gracias a Nuestra Señora de Fátima?

Y Barthas señala: «Fátima es la única de las grandes mariofanías que el papa ha aprobado antes de concluir la encuesta oficial y sin esperar la decisión del obispo del lugar».

Pío XII se proclamará «el papa de Fátima». Juan XXIII alentará el culto y las peregrinaciones. Pablo VI acudirá a Fátima en el 50 aniversario, en 1967. Juan Pablo II lo hará dos veces y de todos es conocida la importancia que ha tenido Nuestra Señora de Fátima en su vida personal tras el atentado sufrido en 1981.

Resulta difícil encontrar apariciones validadas de una forma tan clara y tan continua por la jerarquía eclesiástica. La *vox populi*, por su parte, las ha ratificado desde el primer momento. En este sentido, las cotas de asistencia al santuario son reveladoras: 300.000 peregrinos el 13 de mayo de 1931, un millón en varias ocasiones a partir de esta fecha, más de dos millones el 13 de mayo de 1967. A esta afluencia responderá, durante la construcción de la basílica, la realización de una explanada mayor que la plaza de San Pedro de Roma. En Fátima no se ha creado una Oficina de constataciones médicas comparable a la de Lourdes, pero se han producido y se siguen produciendo numerosas curaciones, confirmadas por médicos en casos en los que el pronóstico era realmente grave. Las conversiones no son menos impresionantes. El mensaje de la Virgen se refiere especialmente a los «errores» propagados por Rusia, entre ellos el comunismo. En consecuencia, Barthas cita, preferentemente, conversiones de comunistas de las que ha sido testigo. Douglas Hyde, redactor jefe del *Daily Worker*, que es el homólogo en Inglaterra de *L'Humanité*, se convirtió al catolicismo al analizar, con el fin de criticarlo duramente, un libro que acababa de publicarse sobre Fátima.

Igualmente ejemplar es el caso de Hamish Frazer, jefe de los comunistas escoceses y veterano de las Brigadas Internacionales. Su historia está ligada a la «leyenda de las palomas». A finales de 1946, la estatua de Nuestra Señora de Fátima fue trasladada solemnemente por carretera hasta Lisboa y, al atravesar una calle, se soltaron cinco palomas blancas que, en lugar de emprender el vuelo, se posaron sobre el pedestal de la estatua y allí permanecieron durante el resto del viaje. En la catedral de Lisboa, fueron a posarse sobre el púlpito mientras el patriarca pronunciaba el sermón, y después, dos de ellas montaron una guardia de honor a cada lado de la custodia durante la bendición del Santo Sacramento. Al día siguiente, presidieron también, con las alas extendidas, la distribución de la comunión a cuatro mil fieles. En el camino de regreso, otras palomas llegaron inesperadamente para acompañar la procesión.

Y, cosa curiosa, este mismo hecho se ha repetido en una veintena de países a los que la estatua de la Virgen ha sido transportada, ante el asombro de todas las personalidades religiosas y políticas que han asistido a las manifestaciones de la «Ruta mundial». Otro apunte más: el 8 de diciembre de 1952, Hamish Frazer participaba, tras su conversión, en un encuentro mariano, en el Parque de Exposiciones de París. En el momento en que subía al estrado para hablar de la paz, una paloma venida de no se sabe dónde se posó sobre su cabeza y allí permaneció durante gran parte de su discurso. Hemos conservado la imagen gracias a una foto tomada por una agencia de prensa; se publicó en algunos diarios, salvo en *La Croix* que, como señala Barthas, se negó a insertarla. Para los cristianos más progresistas estaba bien visto, en aquella época, en colaborar con los comunistas. La paloma de Fátima competía con la de Picasso (o con su palomo, como confesará más tarde); Frazer pronunciaba, por lo demás, palabras muy embarazosas en este contexto: «Como resultado de mi experiencia personal, no puedo decir con toda honestidad que crea que la oración puede convertir a los comunistas, sino que sé que puede convertirles». La preocupación de un cierto número de clérigos no era convertir a los comunistas, sino introducirse en su escuela «para construir un mundo mejor», como decía una canción de la época. En el año 1952, los curas-obreros habían aceptado de forma tan comprometida la mano tendida por Thorez, que Pío XII iba pronto a limitar sus afiliaciones sindicales antes de suprimir llana y simplemente este tipo de ministerio, con una orientación política.

Vamos a ver que, si bien no hay ninguna duda respecto a que las apariciones de Fátima fueron aceptadas con agrado por la Iglesia, lo cierto es que tampoco dejaron de ser una carga. En diversas ocasiones, incomodarán a la jerarquía y a los mismos papas por razones de índole política; lo mismo ocurrirá con el clero, por razones dogmáticas y pastorales. Por tanto, encontraremos reticencias sobre las dos primeras partes del secreto y una pesada losa sobre la tercera. Incluso asistiremos a una acusación de todo el conjunto a manos de un religioso belga, el padre Dhanis, al cual muchos sacerdotes y militantes católicos, contrariados por su forma de concebir la vida de la Iglesia y el apostolado, se apresurarán a cerrar el paso. No hay que extrañarse por ello: la Iglesia, siendo a la vez divina y humana, se ve muchas veces reprimida por el segundo aspecto. Cuando en numerosos períodos, principalmente en los últimos tiempos, hemos visto poner en tela de juicio los dogmas revelados más fundamentales, ¿qué podemos esperar respecto a las revelaciones privadas, mucho menos apremiantes? El desarrollo de los hechos nos hará comprender por qué el tercer secreto no ha sido aún publicado y nos permitirá penetrar en él.

CAPÍTULO 10

Los escrúpulos de Lucía – Los principios de Lenin Una corona de oro macizo – La derrota de El Alamein

Fátima podría contarse como la historia de un secreto bien guardado. ¿Por qué existe el secreto? Porque Nuestra Señora, *Nossa Senhora,* dice a los niños al final de la tercera aparición y después de haber dado su mensaje: «No digáis esto a nadie». Cumplirán la orden al pie de la letra, lo cual constituye una prueba más de la autenticidad de su visión: ¿habrían mostrado ese tesón sin la firme convicción de que era realmente la Virgen quien les hablaba? Hemos visto que el hojalatero no les había hecho despegar los labios, ni siquiera fingiendo los preparativos de la horrorosa muerte con la que les amenazaba. Pero además hubo un acoso permanente, interrogatorios, unos condescendientes y otros no tanto, que les dejaron exhaustos, así como la presión de sus familiares y de innumerables visitantes que se presentaban a cada momento en Aljustrel para saber. El padre de Francisco y Jacinta contó a De Marchi cómo se desarrollaban los hechos: «Había señoras que venían de no sé dónde, muy elegantemente vestidas y ataviadas. Nosotros estábamos con nuestro trabajo, con la ropa de diario, y a veces sentía un poco de vergüenza... ¡Huy!... Eran realmente curiosas, a no poder más. Lo que querían era intentar conocer el secreto. Tomaban a Jacinta sobre sus rodillas y la importunaban con preguntas. Pero la pequeña sólo respondía lo que quería. ¿El secreto? ¡No, eso no! Ni siquiera con un sacacorchos se lo habrían sacado».

Las visitantes le prometían toda clase de regalos con los que esta niña, de familia modesta, jamás habría podido soñar: bonitos vestidos, joyas de oro. Todo en vano. Su hermano y su prima no le iban a la zaga. Así es que, cuando aparecía un coche en el pequeño pueblo, era el sálvese quien pueda. Los niños escapaban a la landa o se escondían donde podían en el interior de la casa. Otro tanto ocurría con el clero, si bien algunos se mostraban reservados y paternales. La familia de Lucía la perseguía también, bastante alterada, ya que desde las apariciones no podían realizar sus tareas: desde que la gente acudía allí a pisotear los campos no había forma de sacar partido a las tierras en las que cultivaban maíz, patatas, zanahorias, trigo e incluso olivas.

«A la completa pérdida de la Cova da Iria, que constituía un bello pasto para nuestro rebaño y en el que recogíamos distintas hortalizas, vino a sumarse la convicción, casi cierta, como decía mi madre, de que todos estos acontecimientos no eran más que simples quimeras y fantasías, producto de la imaginación de unos niños. Una de mis hermanas ocupaba gran parte de su tiempo yendo a buscarme y reemplazándome en la vigilancia del rebaño, con el fin de que yo fuese a ver a las personas que querían conocerme y hablarme. Esta pérdida de tiempo, para una familia rica, no habría tenido importancia, pero para nosotros, que debíamos vivir de nuestro trabajo, tenía su valor. Por esta razón, poco tiempo después, mi madre se vio obligada a vender nuestro rebaño...»

Lucía cuenta también una divertida anécdota: se dirigen los tres juntos hacia Fátima cuando a su lado se detiene un automóvil; las personas que lo ocupan les preguntan si por casualidad conocen a los tres pequeños videntes. «Por supuesto» –contestan ellos. Y, con detalle, les indican la forma de llegar a sus casas. Mientras el coche arranca de nuevo, corren a ocultarse tras una zarza y rompen a reír. Jacinta está satisfecha: no han mentido pero han conseguido que les dejen tranquilos. La mentira es, de hecho, su gran preocupación: ¿cómo pueden no cometer este pecado sin dejar de guardar el secreto que les ha sido confiado? Existe una forma de librarse de las preguntas inoportunas: decir que no hay tal secreto, pero eso sería disfrazar la verdad y, por otro lado, tampoco les creerían. Al final de uno de los interrogatorios, el párroco de Fátima, al que no han consentido en decir más que lo que les estaba permitido, exclama: «¡No es posible que Nuestra Señora venga del Cielo a la Tierra únicamente para decir que se rece el rosario todos los días!».

Otra cuestión más: ¿por qué la Virgen les ha comunicado un secreto que concierne al futuro de las naciones y a la salvación de la humanidad si tienen que guardarlo para sí mismos? Analizando el mensaje, se comprende fácilmente, con la distancia que permite el paso del tiempo, que se presta a una revelación por etapas.

La recomendación de rezar el rosario y de hacer penitencia por los pecadores es de aplicación inmediata, los niños se han dado cuenta de ello. Algo muy distinto ocurre con el mensaje «confiscado», si se puede decir así.

«La guerra se acerca a su fin, pero si no se deja de ofender al Señor, bajo el reinado de Pío XI comenzará otra peor...». Ni que decir tiene que esta profecía no habría tenido sentido en 1917; el problema entonces era salir del terrible conflicto en curso, un conflicto armado del que la Historia carecía de ejemplo en cuanto al número de países implicados, el alto número de escenarios en que se desarrollaba la lucha y el carácter altamente destructor. Cada guerra conlleva sus propias desgracias; ¿quién se habría preocupado por la siguiente? Ante el horror presente, resultaba difícil imaginar otro aún mayor. En cuanto a la situación en el tiempo de esta posible segunda guerra mundial, como ya hemos visto, la mención de Pío XI no tenía sentido, ni para los pastorcillos ni para ninguna persona de aquella época. La Virgen quería, evidentemente, que estas indicaciones permaneciesen guardadas en la memoria de los niños o, más exactamente, de Lucía, que sería la única superviviente tras la muerte de los dos pequeños.

Más incomprensible resulta todavía la predicción que atañe a Rusia:

«Para impedir eso vendré a pedir la consagración de Rusia a mi Corazón Inmaculado y la comunión reparadora de los primeros sábados (de cada mes).

»Si se escuchan mis peticiones, Rusia se convertirá y reinará la paz. Si no, propagará sus errores por el mundo, lo que provocará guerras y persecuciones contra la Iglesia...».

En julio de 1917, ya lo hemos recordado antes, se produce una primera revolución en Rusia. Sus premisas datan ya de antes de la guerra, con las primeras victorias, desde 1905, de la tendencia republicana. La revolución de Febrero ha llevado a la tardía y frustrada abdicación de Nicolás II y a la instauración de una república de hecho. ¿Quién ha oído hablar, en la época de las apariciones, de Lenin, oscuro doctrinario que aún no ha llegado a imponerse a las fuerzas populares bolcheviques? ¿Quién se preocupa de Trotski, un revolucionario de tantos, antes de que alcance notoriedad durante la Revolución de Octubre y tras las negociaciones con Alemania en Brest-Litovsk, en marzo de 1918? Nadie podía prever la instauración del régimen comunista ateo ni la creación de la URSS en 1922. El peligro constante que representará para la paz no es perceptible entonces. ¿De qué «errores» se trata? ¿Qué sentido hay que darle a las palabras «conversión de Rusia»?

El mensaje debe permanecer en secreto porque aún no tiene utilidad y es depositado en la memoria y el corazón de la vidente. Ella escribirá en 1941 a monseñor da Silva: «Podría ser, Excelencia, que alguien piense que yo habría debido manifestar todas estas cosas hace ya tiempo, porque así habrían tenido mayor valor. Así habría sido si Dios hubiese querido presentarme al mundo como profeta. Pero yo creo que ésta no era la intención de Dios cuando me reveló todas estas cosas. Si así hubiese sido, pienso que en lugar de ordenarme guardar silencio en 1917, orden que ha sido confirmada por aquellos que le representaban (sus superiores eclesiásticos directos, NDLA), me habría ordenado hablar».

E incluso, al hacer esta observación, Lucía no está del todo tranquila: «Confieso que mi aversión a revelar todo esto es tal que, aun teniendo delante de mí la carta en la que Vuestra Excelencia me ordena anotar todo aquello que recuerdo, y aunque siento en mi interior que es la hora escogida por Dios para hacerlo, yo dudo, luchando por saber si voy a enviaros este escrito o voy a quemarlo». (Memoria núm. 3).

En otros momentos, Lucía ha tenido dudas en sentido contrario. Después del interrogatorio canónico, entre 1922 y 1930, se pregunta si no habría tenido que decirlo absolutamente todo, y se justifica ante sí misma pensando que en realidad no se daba cuenta de la importancia fundamental de aquel interrogatorio: «Sólo encontraba extraña la orden que se me daba de prestar juramento, pero como era el confesor quien me lo ordenaba, yo juraba decir la verdad y lo hacía sin dificultad». La presencia de este sacerdote la ayuda muchas veces a resolver su problema de conciencia: uno de los inquisidores se propone redoblar las preguntas y escudriñar a fondo el alma de la niña. «Antes de responder, con una simple mirada, interrogué a mi confesor. El Reverendo Padre me sacó del apuro respondiendo en mi lugar, y recordó al interlocutor que se estaba excediendo en los derechos que le habían sido otorgados.» La misma escena se produce una vez más con otro entrevistador: «En un momento dado, me planteó una cuestión bien estudiada acerca del secreto. Yo me sentí confusa, sin saber qué responder. Miré a mi confesor, éste me entendió y respondió por mí. El entrevistador comprendió a su vez y se limitó a ocultar mi rostro con una revista que tenía ante sí. De este modo, Dios me indicaba que el momento por Él escogido aún no había llegado».

Esta especie de moratoria impuesta a la vidente es susceptible, después de todo, de una explicación espiritual. Cualquiera que tenga la experiencia de los caminos de Dios, aunque éstos sean inescrutables, sabe que siempre deja un lugar para el esfuerzo individual, componente indispensable de la fe. Con ello, respeta la libertad humana. Una predicción bien presentada, divulgada a su debido tiempo y realizada de una forma espectacular, priva al hombre de su libertad, pues se ve obligado a creer. Lo mismo podemos decir si el día de su Resurrección Cristo se hubiese mostrado a todo el universo en lugar de aparecerse solamente a sus discípulos. Al igual que los doce apóstoles y otros muchos manifestaron: «Es este mismo discípulo quien da testimonio de estas cosas y quien las ha escrito, y nosotros sabemos que su testimonio es verídico», en Fátima tres niños, y en particular Lucía, han sido elegidos para transmitir el mensaje. Pero abundan las pruebas para establecer su veracidad a los ojos de aquellos que se tomen la molestia.

Conviene decir, por ejemplo, que aunque Lucía escribe en 1941 su tercera Memoria, en la que desvela al obispo las dos partes del mensaje que está autorizada a comunicar, no es la primera vez que lo hace. No ha esperado hasta esta fecha para revelar predicciones de cosas que ya han sucedido o están sucediendo. En 1927 lo reveló todo por escrito, asesorada por sus confesores José da Silva Aparicio y José Bernardo Gonçalves, quienes después de leerlo le ordenaron quemar el manuscrito. También había revelado su secreto a otras tres personas: el obispo de Leiria, la superiora provincial de su orden y el canónigo Galamba. Todo un estudio llevado a cabo por el hermano Michel de la Santa Trinidad, en su monumental obra sobre Fátima, trata como se merecen las sospechas de las predicciones *post eventum* formuladas por algunos detractores (de hecho, sólo hubo uno, el padre Dhanis, del que tendremos ocasión de hablar más tarde, al que sigue un número nada despreciable de eminentes eclesiásticos, entre ellos el futuro cardenal Journet o el teólogo Karl Rahner, el cual, puesto que no cree en la Encarnación ni en la Redención, no puede ser considerado como un paladín de la Iglesia).

Estas dos primeras partes del secreto, sin embargo, no serán divulgadas hasta 1942. El 13 de octubre, en el 25 aniversario de la sexta aparición, día en que fue bendecida la corona de oro macizo que debía ser colocada sobre la venerada estatua desde hacía un cuarto de siglo, aparecía un libro del canónigo Galamba, *Jacinta,* en el que se citaban los principales pasajes de las Memorias 3 y 4. Esta publicación venía avalada por un prólogo del obispo de Leiria y un prefacio del patriarca de Lisboa, el cardenal Cerejeira.

Ahora bien, lo esencial del secreto había sido ya publicado en Milán por el cardenal Schuster. El cardenal, que no reproducía, sin embargo, los términos exactos, no duda, en su Carta pastoral del 13 de abril en desarrollar el tema que será hasta nuestros días un escollo en la transmisión del mensaje de Fátima: la conversión de Rusia. Su interpretación, por otro lado, no deja de ser ambigua. Indicando las peticiones formuladas por la Virgen, describe así las consecuencias que traería su aplicación: «El cese de la guerra, la conversión de Rusia a la unidad católica; una nueva era de gran apostolado en la Iglesia». Y añade un poco más abajo: «Como en otro tiempo en Lepanto el poder de la Media Luna, hoy, después de nuestra pacífica cruzada, el poder bolchevique de la Hoz y el Martillo se vería aniquilado por la Providencia del Señor».

En la primera de las dos frases que acabamos de citar, la conversión es la de los ortodoxos (regreso a la unidad católica); en la segunda, la de los comunistas.

¿Qué se entiende por la conversión de Rusia? ¿El retorno de los cismáticos a la obediencia romana o la desaparición del comunismo ateo y acosante? La misma ambigüedad encontramos en la «Consagración de la Iglesia y del mundo al Corazón Inmaculado de María», pronunciada el 31 de octubre por Pío XII, e incluso en el mensaje radiofónico difundido en directo, con una notable calidad técnica para la época, en la catedral de Lisboa. Nuestra Señora había dicho el 13 de julio: «El Santo Padre me consagrará Rusia, que se convertirá, y un tiempo de paz será dado al mundo». En una aparición posterior, en junio de 1929, en Tuy (localidad española fronteriza con Portugal; Lucía vivía por entonces allí, en el convento de las hermanas Doroteas), había actualizado su petición: «Ha llegado el momento de que Dios pida al Santo Padre que lleve a cabo, en unión con todos los obispos del mundo, la consagración de Rusia a mi Corazón Inmaculado, para permitir de este modo que se salve».

Pero el mensaje radiofónico no menciona a Rusia en ningún momento y en el acto de consagración ha sido sustituida por esta frase: «A los pueblos divididos por el error y la discordia, y especialmente a los que profesan por Vos una singular devoción y en cuyos hogares no había nadie que no honrase Vuestro venerable icono (quizá hoy guardado y reservado para días mejores), dadles la paz y reconducidles al único redil de Cristo, bajo el único y verdadero pastor».

El sentido se ha tergiversado: los pueblos divididos hacen pensar en los hermanos separados, es decir, en el caso especial de los ortodoxos, y la oración pronunciada por el papa parece estar dirigida a su reintegración en el seno de la Iglesia romana. El error está representado por el cisma y las desviaciones docti inales que lo han seguido y precedido. Ahora bien, la Virgen, en su mensaje inicial, hablaba de los errores propagados por Rusia, que provocarían guerras y aniquilarían naciones, etc.; no podía referirse a la ortodoxia, sino al materialismo dialéctico y a todas sus derivaciones. En compensación, dentro del texto pontificio, los iconos ocultos constituyen una perífrasis que podría aplicarse a las persecuciones religiosas soviéticas, con lo que se acerca de nuevo al mensaje. El tercer matiz: Nuestra Señora ha dicho de una forma clara que son los errores de Rusia, así pues el comunismo, los que provocarán guerras, y es al mundo entero al que ella desea la paz, mientras que el papa la desea sólo a Rusia y a sus países satélites.

Más tarde volveremos sobre el tema de la consagración, cuyas ramificaciones aún se manifiestan hoy en día. Quizá sea necesario explicar por qué la palabra Rusia ha sido tan cuidadosamente omitida, no sólo en la fórmula de consagración, sino también en los libros que se publicaron en aquella época, en los que fue reemplazada por fórmulas tales, como «los malos» o «los impíos». Corría el año 1942, en plena guerra; la URSS luchaba entonces, desde hacía más de un año, en el bando de los Aliados, es decir, en el de los salvadores. Los malos eran los nazis. Recordar los errores soviéticos habría tenido repercusiones políticas y no se habría entendido por qué el papa, súbitamente, la tomaba con «Rusia». Basta con ver los ataques de los que ha sido objeto Pío XII tras la guerra por haberse mantenido en silencio con respecto a la masacre de los judíos, para evaluar los que habría sufrido de hacer exactamente lo que le pedía la Virgen. No habría faltado quien le hubiese acusado de simpatizar con las fuerzas nazis.

¿Precaución loable o excesiva prudencia humana? Nos abstendremos de pronunciarnos sobre la cuestión. Es difícil acusar al «papa de Fátima» de tibieza mariana, él que consideraba un signo del Cielo el haber sido nombrado obispo el 13 de mayo de

1917 a mediodía, es decir, la misma hora de la primera aparición en la Cova da Iria. Después de la consagración del mundo se produce otra señal: al día siguiente, el ejército alemán sufre su primera derrota importante en El Alamein, y el mariscal Rommel se ve forzado a replegarse. Se podría pensar que la Virgen había dado una satisfacción parcial al soberano pontífice.

Sin embargo, en ningún momento ha hablado de Alemania. Sus miras sobre la sucesión de los acontecimientos mundiales se muestran infinitamente superiores –no es extraño, al fin y al cabo– a las de los dirigentes políticos de la época y del mismo papa, cuando se preocupa de la situación internacional. La execrable Segunda Guerra Mundial duró seis años y provocó innumerables desgracias; el bolchevismo le había precedido casi veinticinco años y duraría casi cincuenta años con su horrible cortejo de guerras, masacres y miserias. Los errores originarios no han desaparecido con el desmoronamiento de la URSS, sino que persisten bajo las mismas formas en amplias extensiones del planeta, como China, y bajo otras formas en diversos países. Son sus manifestaciones las que hacen perder al mundo «el dogma de la fe», pero aquí nos estamos anticipando a la tercera parte del secreto que más tarde trataremos. La Virgen de Fátima pudo ver más allá del conflicto, por muy horrible que éste fuese, que sacudió a todo el mundo en mitad de este siglo. Las revelaciones del 13 de julio de 1917 son más apocalípticas que históricas. Por esta razón, asustaron a los tres niños hasta el punto de sellar, tan radicalmente, sus tiernos labios.

CAPÍTULO 11

El 17 de junio de 1789 – Como el rey de Francia
En los jardines del Vaticano
Rusia no es el género humano

La historia de la consagración solicitada por la Virgen tuvo múltiples repercusiones. Antes de relatarlas, quizá convenga aclarar en qué consiste y evaluar su alcance. En el espíritu de muchos de nuestros contemporáneos, la palabra no dice gran cosa. Pero no siempre ha sido así. Los franceses del siglo XVII comprendieron perfectamente el significado del edicto del 10 de febrero de 1638, en el que Luis XIII consagraba a la Virgen María «su persona, su Estado, su corona y sus súbditos». Un historiador de la monarquía, el marqués de La Franquerie, explica así la intención real:

«Por este acto magnífico y grandioso, Luis XIII ofrecía a la Reina del Cielo un derecho de propiedad total e irrevocable, para el presente y para el futuro, sobre Francia y sobre la casa real. No sólo el rey había actuado en la plenitud de su poder real, sino que todos los cuerpos del Estado, al consignarlo, y el pueblo, asociándose a él con notable ardor, lo habían consagrado».

En las antiguas religiones paganas, el hecho de consagrar consistía en desprenderse de algo en beneficio de la divinidad. Se hacía, por ejemplo, con un terreno (los bosques sagrados), con personas (las Vestales en Roma), con animales u objetos. Nadie podía apropiarse ya de ello, bajo pena de sacrilegio (violación de una cosa sagrada). Para Luis XIII, consagrar su país equivalía a transferir la propiedad a la Virgen María, que desde ese momento pasaba a ser la reina.

En el caso del papa, consagrar el mundo, y en concreto Rusia, es un acto por el que hace efectiva la realeza de la madre de Dios y, por ende, de Dios mismo, sobre este mundo. Esta realeza y esta posesión son evidentes si pensamos que Dios, creador de todas las cosas, es el dueño del universo y puede hacer con él lo que quiera *(Omnia quaecumque voluit fecit)*. Pero el concepto de libertad vuelve a tener en cuenta un factor: Dios quiere tener con el hombre la atención de que éste reconozca su soberanía.

Lo que está en juego, por tanto, es la concepción misma del universo y del lugar que el hombre ocupa en él: o bien el hombre es independiente de toda fuerza exterior, lo que en última instancia supone la inexistencia de esta fuerza (o su indiferencia, lo que viene a ser lo mismo); o bien el universo está regido por una fuerza superior a la que se adhiere. La primera concepción corresponde al laicismo; la segunda, a la cristiandad.

¿Puede el papa disponer así de los hombres al reconocer en su nombre la supremacía divina? Lo hace como jefe espiritual de los feligreses, como hacen los jefes de Estado (¿quién se extraña de que éstos firmen tratados?), y de una forma comparable a los padres que hacen bautizar a sus hijos a una edad en que éstos aún no son conscientes. La libertad individual puede recuperar su importancia pero no suprime el acto de la consagración. El autor que hemos citado anteriormente añade al respecto: «Es por ello que, se quiera o no, Francia seguirá siendo, hasta el final de los tiempos, el especial reino de María».

Un acto de consagración no es una fórmula vaga, sino que comprende un aspecto jurídico, lo que hace necesario el empleo de las palabras exactas. Si se consagra Rusia, resulta difícil hacerlo sin emplear la palabra Rusia. La consagración debe tener por efecto atraer la protección divina sobre el país consagrado; si Rusia es aquí motivo de debate es por el hecho de los errores que propaga por el mundo y que engendran guerras. Pensemos en las numerosas guerras que han asolado el planeta debido a la ideología comunista y al inmenso miedo de Occidente mientras el Telón de Acero ha separado los dos bloques: el colosal armamento nuclear y el «equilibrio del terror» son testimonio de ello.

A partir de aquí, podemos comprender la importancia que la Señora de Fátima concede a esta consagración. El 13 de julio de 1917 anuncia que vendrá a solicitarla. En 1929 se aparece a Lucía en su convento de Tuy para decirle: «Ha llegado el momento de que Dios pida al Santo Padre que haga, junto con todos los obispos del mundo, la consagración de Rusia a mi Corazón Inmaculado, prometiendo salvarla por este medio». En agosto de 1931 es Nuestro Señor quien habla a Lucía para quejarse del incumplimiento del acto pontificio diciéndole: «No han querido escuchar mi petición... Como el rey de Francia, se arrepentirán y lo harán, pero ya será tarde. Rusia habrá propagado sus errores por el mundo, lo que traerá guerras y persecuciones contra la Iglesia; el Santo Padre tendrá que sufrir mucho».

La alusión al rey de Francia corresponde a Luis XIV, y nos remite a otra consagración que no fue hecha. El 17 de junio de 1689, una religiosa del convento de la Visitación en Paray-le-Monial, la hermana Marguerite-Marie, que desde hacía años se veía favorecida con apariciones del Sagrado Corazón, recibe de Él un mensaje para el rey de Francia:

«Haz saber al Hijo mayor de mi Sagrado Corazón que así como su nacimiento temporal ha sido obtenido por la devoción a los méritos de Mi santa infancia, del mismo modo obtendrá su nacimiento de gracia y de gloria eterna por la consagración que hará de sí mismo a Mi corazón adorable, que quiere triunfar sobre el suyo y, por su mediación, sobre el de los grandes de la Tierra.

«Él quiere reinar en su palacio, ser retratado en sus estandartes y grabado en sus armas, para hacerlas victoriosas ante todos sus enemigos, abatiendo a sus pies las cabezas orgullosas y soberbias, para hacerle triunfador sobre todos los enemigos de la santa Iglesia».

Los datos históricos explican muy claramente el plan divino: Luis XIV es, a la vez, el mayor rey de Europa y el rey «muy cristiano» que preside los destinos de una nación llamada «la hija primogénita de la Iglesia», pues fue la primera en recibir el bautismo en la persona de Clodoveo y de sus guerreros. Nadie se extrañará de que Juan Pablo II, a su llegada a Francia en 1980, pregunte: «Francia, ¿qué has hecho de tu bautismo?».

Este rey se opone, a lo largo de su reinado, a Inglaterra, que es anglicana (el rey católico Jacobo II acaba de refugiarse en Francia, en el castillo de Saint-Germain-en-Laye), a Prusia, que es protestante, a Holanda, que es calvinista. Dios quiere establecer con él una alianza en un designio, similar a la elección de Abraham, para hacer de los franceses un nuevo pueblo elegido. El mensaje de Marguerite-Marie Alacoque debe ser transmitido al rey por su confesor, el Padre de La Chaize, un jesuita que, al parecer, no lo hace, o si se lo comunica al rey, no le induce a que lo lleve a cabo.

Podemos confirmar que, pese a lo que un historiador ha dado en llamar «el rosario de victorias» de la guerra de la Liga de Augsburgo y los brillantes éxitos de la guerra de Sucesión en España, el rey Luix XIV no conseguirá imponer su hegemonía en Europa y que, tras su reinado, la monarquía francesa decaerá lentamente, sumergida por las Luces. Un dato curioso: el 17 de junio de 1789, exactamente un siglo después de la petición formulada por el Sagrado Corazón y que no fue satisfecha, comenzará la Revolución francesa: ese mismo día, el tercer estado se constituirá en Asamblea nacional y se impondrá poco después a la orden del clero para desembocar, el 20 de junio, en el juramento del Juego de Pelota. Y en 1792, Luis XVI, encarcelado en el Templo, mientras piensa en todo esto, hace el juramento tardío de proceder a la consagración si recupera su libertad y su trono. Resulta difícil no relacionar este hecho con la frase dicha por la Virgen a Lucía: «Ellos no han querido escuchar mi petición... Como el rey de Francia, se arrepentirán y lo harán, pero ya será tarde».

1931... 1942. El papa Pío XII, como hemos visto, no ha realizado la consagración en la forma requerida. Diez años más tarde, en 1952, volverá sobre ello. Entre tanto, se produce en el Vaticano un hecho misterioso del que únicamente es testigo el papa. Ésta es la transcripción del relato que él mismo hizo al cardenal Tedeschini, su secretario de Estado:

«Era el 30 de octubre de 1950, víspera del día de la definición solemne de la Ascención al cielo de la Santísima Virgen María, día que toda la comunidad católica del mundo esperaba con impaciencia. Hacia las cuatro de la tarde, me encontraba dando mi paseo habitual por los jardines del Vaticano, leyendo y estudiando, como de costumbre, diversos asuntos. Subía desde la explanada de Nuestra Señora de Lourdes hacia lo alto de la colina, en la avenida del lado derecho que bordea el muro del recinto.

»En un determinado momento, habiendo levantado los ojos de los papeles que llevaba en la mano, me sorprendió un fenómeno que nunca hasta entonces había visto. El sol, que aún estaba bastante alto, se mostraba como un globo opaco de color amarillo pálido, rodeado por un halo luminoso que, sin embargo, no impedía en modo alguno fijar atentamente la mirada en el sol sin sentir la menor molestia. Ante él se observaba una nube muy ligera.

»El globo opaco se movía hacia el exterior, girando lentamente sobre sí mismo y desplazándose de izquierda a derecha y viceversa. Pero en el interior del globo se observaban con toda claridad y sin interrupción fuertes movimientos.

»El mismo fenómeno se reprodujo al día siguiente, 31 de octubre, y el 1 de noviembre, día de la definición (del dogma), y más adelante, el 8 de noviembre, día octavo de la misma solemnidad. Después nada.

»En varias ocasiones, otros días a la misma hora y con idénticas o similares condiciones atmosféricas, intenté mirar el sol para observar el mismo fenómeno, pero en vano; no conseguía fijar la vista en el sol ni un instante, pues me cegaba.

»Ésta es, en pocas palabras, la pura verdad».

Sor Pasqualina, la gobernanta de Pío XII durante todo su pontificado, a quien habló de esto, dijo que fue el único testigo del suceso; consultó con el observatorio del Vaticano pero éste no había registrado nada anormal. Esta visión había sido estrictamente personal y comprendió que reproducía, de forma indiscutible, la danza del sol en Fátima. ¿Se trataba de una señal para presionarle a hacer la consagración de Rusia, aún pendiente? No sabemos si él lo entendió de este modo, si bien es verdad que esperó casi dos años para ejecutar la demanda celestial. Por fin, el 7 de julio de 1952 dirigía al pueblo de Rusia la Carta apostólica *Sacro Vergente Anno*, en la que señalaba claramente el imperio de Stalin:

«... Para que nuestras fervientes oraciones y las vuestras se vean atendidas, y para dar especial testimonio de nuestra particular benevolencia, consagramos hoy, de manera muy especial, todos los pueblos de Rusia al Corazón Inmaculado de la Virgen María, Madre de Dios...».

En Tuy, la hermana Lucía se entera unos días más tarde de la noticia y, a través de una de sus cartas, sabemos lo que piensa acerca de ello: «Os agradezco el recorte de periódico que relata la consagración de Rusia. Me apena que, de nuevo, no se haya hecho como Nuestra Señora lo había pedido. ¡Paciencia! Esperemos que Nuestra Señora, como una buena madre, se digne aceptarla».

¿Qué faltaba esta vez? El papa había nombrado a Rusia, pero no había hecho esta consagración «con todos los obispos del mundo». Por así decirlo, se trataba de una consagración hecha precipitadamente, incluida en una Carta apostólica destinada sólo a una parte de la comunidad cristiana, sin proclamación pública y sin solemnidad.

Todo ocurrió como si el soberano pontífice, poco convencido de la necesidad de hacer de la consagración un acto público clamoroso, hubiese cedido solamente a los ruegos del *Russicum* (instituto fundado por Pío XI para hacer pasar sacerdotes y obispos desde el otro lado del Telón de Acero) y de peregrinos rusos llegados dos años antes para solicitarlo.

Un comentarista bien informado del hecho religioso, Michel Martin, explica lo siguiente: «La Virgen quería destruir el mal en su mismo origen, convirtiendo a Rusia, empresa imposible a los ojos del hombre. Ahora bien, Jesús, que cree llegado el momento de glorificar a su Madre, quiere que este verdadero milagro le sea atribuido sin discusión posible. Es, pues, necesario que esta conversión sea la respuesta palpable a una consagración de Rusia, no clandestina, sino realizada con una solemnidad tal que todo el mundo tenga conocimiento de ella. Por esta razón, el Señor especificó que esta consagración debía ser hecha, no sólo por la mayor autoridad del mundo, que es el papa, sino por el papa junto con todos los obispos del mundo unidos a él bajo su mandato».

A continuación tiene lugar el Concilio Vaticano II. Durante la tercera sesión, en 1964, un obispo brasileño, monseñor de Proença Sigaud, miembro del *Coetus internationalis,* que reagrupaba a los obispos hostiles al liberalismo, fue recibido por Pablo VI, para el que traía una petición firmada por quinientos diez padres conciliares. Éstos le pedían aprovechar la presencia en Roma de todos los obispos del mundo para hacer, por fin, la consagración en toda regla. El papa acoge favorablemente la propuesta, pero cuando en la clausura de la sesión, el 21 de noviembre, pronuncia la esperada consagración, ésta se reduce a «confiar el género humano» al Corazón Inmaculado de María. Aunque la asamblea se levantó para aplaudir, como en un Parlamento, las palabras que acababan de ser pronunciadas, el asunto no tuvo gran resonancia y la traducción francesa de las actas del Concilio publicadas en 1967 ni siquiera lo tiene en cuenta. La palabra Rusia era una vez más omitida por un Concilio que se había guardado mucho de condenar el comunismo condenando su definición:

«Rechazamos, por el contrario, todas las formas políticas, tal y como existen en algunas regiones, que constituyen un obstáculo para la libertad civil o religiosa, multiplican las víctimas de las pasiones y crímenes políticos y desvían en provecho de alguna facción o de los propios gobernantes la acción de la autoridad en lugar de ponerla al servicio del bien común». *(Gaudium et Spes,* IV, 4)

La perífrasis contrastaba de forma evidente con el mensaje mariano: «Rusia propagará sus errores por el mundo, provocando guerras y persecuciones contra la Iglesia».

CAPÍTULO 12

Los días 13 – La hora del atentado
El yugo rojo vuelve a cobrar fuerza
La controvertida carta

El 13 de mayo de 1981 será decisivo en la vida de Juan Pablo II. Ese día, el turco Mahomet Ali Agça descargará sobre él su browning 9 mm, en plena plaza de San Pedro, a la vista de una gran multitud. Esta fecha, ya histórica, no carece de significado; incluso el Santo Padre ha comprendido que no es fortuita. La señal es de una claridad meridiana. El atentado, no sólo se ha producido el 13 de mayo, sino además a las 17 h 19. Si invertimos los dos números, obtenemos: ¡1917!

Desconocemos la interpretación que Juan Pablo II da al acontecimiento, pero es difícil no pensar que haya visto en ello una señal, una especie de llamada de la Virgen a propósito de la petición que ha formulado y que no ha sido realizada. ¿Se trata de una advertencia?

Evidentemente, ha tenido que relacionar ambas cosas, puesto que al año siguiente manda un escrito a todos los obispos a través del cardenal Casaroli, secretario de Estado:

«Por mandato de Su Santidad, debo informaros que el próximo 13 de mayo el Santo Padre acudirá a Fátima para agradecerle a la Santa Virgen haberle salvado la vida en el atentado del último 13 de mayo, y que tiene también la intención de renovar, en unión espiritual con todos los obispos del mundo, los dos actos realizados por Pío XII».

Los acontecimientos se desarrollaban en el mismo sentido: el 13 de diciembre de 1981 se proclama en Polonia el estado de guerra, el Consejo Militar de Salvación Nacional formado bajo la presidencia del general Jaruzelski procede a cien mil interrogatorios, Lech Walesa es detenido. Un año después, se produce la invasión soviética de Afganistán: el yugo rojo vuelve a cobrar fuerza.

Esta tensión internacional empuja a la Conferencia episcopal americana a dirigirse al papa para intentar que lleve a cabo la esperada consagración. El cardenal Carberry, arzobispo de San Luis, escribe: «La relación entre los requerimientos de la Virgen Bendita y la infantil consagración de Rusia y del mundo se ve reforzada por el papel que desempeña Rusia en la instauración del poder militar en Polonia. Es un ultraje que amenaza la paz de todo el mundo». Y precisa: «Esta consagración de Rusia debería incluir a todos los obispos del mundo, unidos con el papa, durante una ceremonia organizada el mismo día».

El cardenal ha comprendido el mensaje de Fátima. Por lo que se lee entre líneas, le han sido hechas numerosas peticiones en este mismo sentido. Todas estas sugerencias, ¿bastarán para realizar finalmente lo que aún no se ha hecho?

El viaje del papa a Fátima adquiere gran notoriedad ese año debido a un incidente al que se da excesiva importancia y que da la vuelta al mundo: el pseudoatentado perpetrado por el padre Juan Fernández Krohn. Tiene lugar el 12 de mayo de 1982, a las 23 h 30, la víspera de la prevista consagración, durante la procesión de las antorchas. La prensa se hace eco de tan sensacional acontecimiento para ofrecer unos titulares que restarán notoriedad a lo realmente importante. «El papa ha escapado por los pelos de un horrible atentado». Un nuevo 13 de mayo sangriento, que podía haberlo sido, era el «scoop» soñado. «Juan Pablo II, con la cara descompuesta, ha mantenido la sangre fría y ha bendecido a la multitud... Sin embargo, un año después del atentado de la plaza de San Pedro, su vida ha vuelto a estar en peligro» –se podía leer en la primera plana de *France-Soir.*

86

El papa había mantenido hasta tal punto la sangre fría que no se había dado cuenta de nada, como más tarde afirmará el cardenal Marty, que se encontraba junto a él. El cuchillo que había utilizado el sacerdote y que había blandido a treinta centímetros del pecho del pontífice, resultó ser una bayoneta portuguesa; después se supo que no la llevaba en la mano sino en el fondo de su maleta, que había dejado en el hotel. Al final, no había ninguna prueba de que esta bayoneta fuese portuguesa, ya que es utilizada por los ejércitos de distintos países, ni de que estuviese oculta en el equipaje del sacerdote español antes del suceso. El asunto no iba más allá de una agresión verbal, acompañada, eso sí, de una violencia inusual.

Fernández Krohn, al que conocimos personalmente en Francia, tenía una naturaleza atormentada e inflexible, y no nos pareció muy equilibrado. Interrogamos a su antiguo superior dos días más tarde de que éste fuese a verle a la cárcel de Lisboa y su respuesta fue: «Está clínicamente loco». Según algunos testigos, se dirigió al papa en estos términos:

–Tú eres el responsable de la situación de los católicos en Polonia, eres responsable del ascenso del comunismo, de la confusión que reina en América del Sur. ¿Por qué has abierto la Iglesia de esta forma, con el Concilio Vaticano II?

De vuelta a la normalidad, el papa ha podido celebrar con suntuosidad el 65 aniversario de la primera aparición ante la asistencia de un millón de peregrinos. Pero, ¿qué ha sido de la consagración? Tuvo lugar tras la misa del día siguiente, sin que la prensa dijese una palabra, cuando en realidad debía haber sido el acto principal de la jornada. Ésta tampoco era la consagración que había solicitado Nuestra Señora. Juan Pablo II había omitido la palabra Rusia y disminuido la dificultad. En el transcurso de su homilía, tras el evangelio, había dicho:

«El contenido del llamamiento de la Señora de Fátima está tan profundamente enraizado en el Evangelio y en toda la Tradición, que la Iglesia siente su responsabilidad comprometida en este mensaje.

«La Iglesia ha respondido a él a través del servidor de Dios, el papa Pío XII; él quiso, de hecho, consagrar al Corazón Inmaculado de María a todo el género humano y, especialmente, a los pueblos de Rusia. ¿No ha satisfecho, con esta consagración, la resonancia evangélica del llamamiento de Fátima?».

Pero en el momento de proceder a ello, después de la misa, mientras muchos afinaban el oído con esperanza, Juan Pablo II recurrió a la perífrasis:

«Nosotros Te ofrecemos y Te consagramos de manera especial a los hombres y las naciones que necesitan particularmente de esta ofrenda y de esta consagración».

Resulta sorprendente observar hasta qué punto las implicaciones diplomáticas pueden atar la lengua de los papas. ¡Cuán grande debió ser la presión ejercida en los círculos próximos a Juan Pablo II para que éste no consiguiese sortear el obstáculo en tales circunstancias, después de haber proclamado en voz alta que su vida se había salvado gracias a una intervención especial de la Virgen!

Otra cuestión importante: esta consagración debía haber sido hecha en unión con todos los obispos del mundo. Ahora bien, no fue exactamente así, puesto que el papa no les había dado la orden. La comunicación relativa a este asunto se reduce a una carta de Casaroli fechada el 20 de abril (tres semanas antes). Anteriormente hemos citado un párrafo de esta carta que volvemos a reproducir junto con el resto del mensaje:

«Por mandato de Su Santidad, debo informaros de que, el próximo 13 de mayo, el Santo Padre acudirá a Fátima para agradecerle a la Santa Virgen que le haya salvado la vida en el atentado del último 13 de mayo, y de que tiene también la intención de renovar, en unión espiritual con todos los obispos del mundo, los dos actos realizados por Pío XII.

»Al pediros que le acompañéis desde ahora con vuestra oración en su peregrinación a Fátima para que ésta contribuya a engrandecer dentro de la Iglesia la devoción a María y sirva a la gloria de la Santísima Trinidad, el papa os envía de todo corazón una especial bendición apostólica que extiende naturalmente a vuestra comunidad eclesiástica.

»Reciba, Monseñor, el testimonio de mi cordial devoción en Nuestro Señor y en Nuestra Señora.

»A. Card. Casaroli».

El secretario de estado maneja el asunto de forma bastante desenvuelta. Resalta la importancia de las gestiones personales del papa, relegando a un segundo plano la consagración para así matar dos pájaros de un tiro. El tono empleado no invita a asistir; los términos «acompañar con vuestra oración» y «en unión espiritual» dejan la suficiente libertad como para que los destinatarios no se crean en la obligación de realizar un esfuerzo especial. Y, de hecho, nadie o casi nadie en Francia oyó hablar del asunto. Pero si, forzosamente, se trataba de un acto público, no debía limitarse a una oración privada del obispo antes de sentarse a la mesa hacia el mediodía, sino que debía concernir al conjunto de fieles de su diócesis. Michel Martin cita el caso de uno de sus amigos que telefoneó al arzobispo de París para saber si se había previsto algún acto. Se le pasó de un secretario a otro para decirle, finalmente, que allí nadie estaba al corriente y que, por otro lado, el 13 de mayo, monseñor Lustiger estaría ausente de París.

Ciertamente, el papa se dio cuenta de ello, puesto que en la renovación del acto de consagración el 25 de marzo de 1984, en la plaza de San Pedro, escribió él mismo una «Carta del Santo Padre a todos los obispos de la Iglesia» en la que decía: «Os agradezco que en este día hayáis querido renovar este acto al mismo tiempo que yo, de la manera que cada uno de vosotros haya juzgado más oportuna». Se ignora, sin embargo, por falta de datos estadísticos, en qué medida fue satisfecho su deseo y lo único cierto es que una vez más la palabra Rusia fue cuidadosamente evitada.

La duda subsistía: ¿había sido satisfecha la petición mariana? ¿Quién podía afirmarlo? Para salir del paso, se da a conocer, cinco años después, una carta de Lucía, fechada el 29 de agosto de 1989, que no convenció a todo el mundo. Un especialista en el tema, el abate Caillon, después de estudiarla según métodos exegéticos, señala que en ella faltaba una palabra: Rusia. La carta, que era una reseña histórica del asunto, ni siquiera la citaba al recordar la consagración de 1952, es decir, la única vez en que había sido empleada por Pío XII. Por lo demás, Lucía no decía que la consagración de Rusia estuviese hecha, sólo hablaba de la consagración del mundo. Asimismo, el abate Caillon señaló que hasta septiembre de 1986, «las personas que ve Lucía dicen con fuerza: *La consagración no ha sido hecha*. Después, a partir de 1988, se empieza a cuchichear: *La consagración está hecha*». Es el momento en que, celebrando el milenario del bautismo de Rusia, habría podido emplearse. Pero es precisamente entonces cuando, según este eclesiástico, una consigna romana ha obligado a todos a prestar una especie de «juramento sobre Cuba» asegurando que todo estaba en orden.

Un recuerdo personal le ayudaba a convencerse de que no se había hecho. En una conversación privada, el 1 de agosto de 1984, el papa le había dicho: «La consagración está hecha», pero había puntualizado, como corrigiéndose: «No se puede consagrar Rusia aparte. Hemos consagrado todas las naciones añadiendo una precisión: *la nación que Nuestra Señora espera que se le consagre*».

Y el abate Caillon concluía: «El papa ha hecho todo lo que ha podido porque no podía hacer más... No podía consagrar Rusia aparte, ya que quería tratar con consideración a Rusia y a las potencias del Este, es decir, a toda la izquierda mundial, lo que en alemán se conoce como Ostpolitik».

El abate Laurentin, que posee el sentido de la casuística, arregla la cuestión de la carta de la forma siguiente: después de 1984, «Lucía parecía, cuando menos, vacilante», ya que no se veía que ocurriese nada: Rusia no estaba aún convertida. Después, con la perestroika anunciando el desmoronamiento del comunismo, comprendió que se había mostrado demasiado impaciente y que esta conversión llegaba de forma suave pero firme. Entonces, juzgó que la consagración había sido hecha y aceptada Allí Arriba. Él escribe: «El abate Caillon, que durante largo tiempo había creído insuficiente la serie de consagraciones, adoptó la misma opinión, tan claramente motivada, de Lucía». Y acusa a los contraventores: «Desde su punto de vista, [la Virgen María] no aparece como la Madre de Misericordia, sino como un hada puntillosa que acecharía al papa para echarle en cara una palabra mágica o una coma». Cita asimismo la respuesta que dirige sor Lucía a la presidenta Cory Aquino, a la que se le había permitido hablarle el 12 de octubre de 1992: «Las dos superpotencias iban hacia una colisión que habría destruido el mundo. En cuanto el Santo Padre hizo la consagración, el 25 de marzo de 1984, al mismo tiempo que los obispos de todo el mundo, Dios comprendió el corazón del papa sin que éste mencionase Rusia, y Dios aceptó esta consagración y guió los acontecimientos. Fue Dios quien llevó a Gorbachov hasta el Vaticano para encontrarse con el Santo Padre y quien abrió los espíritus de los líderes comunistas y cambió su corazón para la paz».

Esta polémica nos presenta a una hermana Lucía muy dependiente de los acontecimientos y que de repente lee demasiada prensa. Gorbachov confesó al papa que estaba bautizado, lo cual conmovió el corazón de los cristianos de clase, antes de que Boris Yeltsin comenzase a asistir a misa en las grandes ocasiones. Algunos conocedores de Rusia consideran, sin embargo, que lo que ocurre en la antigua URSS es menos un regreso a la fe que una efervescencia de espiritualidad de la que se aprovechan ampliamente las sectas. Por otra parte, Rusia siempre ha sido cismática; los ortodoxos deniegan violentamente a los católicos el derecho de caza sobre su territorio. Por último, la amenaza de guerra que apuntan los países que conforman la Unión soviética, ¿está realmente descartada? Aún hay demasiadas incógnitas para dilucidarlo respecto a la evolución de la situación política internacional. El futuro, sin duda próximo, nos dirá si la palabra Rusia ha dejado de ser tabú.

CAPÍTULO 13

Acrobacias intelectuales
Un trasfondo político
La importancia de saber portugués
La bomba americana

La publicación del mensaje de Fátima en 1942 y su ratificación implícita por el papa Pío XII coincidieron con la nueva ola modernista, muy notoria desde los años de la guerra y que chocará contra la Iglesia al final del pontificado. El Petit Larousse define el modernismo como una «tendencia a colocar la teología, la exégesis, la doctrina social y el gobierno de la Iglesia de acuerdo con los elementos de la crítica histórica y de la filosofía modernas, y con lo que se cree que son las necesidades de la época en que se vive».

Pío X había frenado la primera crisis modernista en 1907, con el decreto *Lamentabili* y la encíclica *Pascendi*. Cuando la Virgen se aparece en Fátima, apenas si se han apaciguado los últimos movimientos. En 1942, la divulgación de su mensaje provocará la hostilidad de los medios de comunicación, de nuevo comprometidos con el modernismo por numerosas razones que a continuación vamos a exponer.

El ataque viene de Bélgica, donde un profesor de la Universidad de Lovaina (aquella de la que partirá más tarde la teología de la liberación), el padre Dhanis, sin negar categóricamente el fondo de las apariciones, que en sí no hacen mal a nadie, quiere demostrar que todo lo sucedido después ha sido añadido al servicio de la causa. Piensa que hay indicios dudosos en el hecho de que el mensaje haya sido revelado por Lucía tan tardíamente y hecho público aún más tarde. A *grosso modo,* acepta el milagro solar intentando contraponer unos testimonios con otros. Finalmente, concentra sus esfuerzos sobre el secreto, que constituye la parte más molesta, puesto que va en contra de los «elementos de la filosofía moderna», es decir, la de los filósofos alemanes del siglo XIX que hacen furor en las facultades de teología. El proverbio *Testis unus, testis nullus* (Un solo testigo, ningún testigo) le permite impugnar las declaraciones de Lucía, cuya buena fe no pone en duda, sino que analiza psicológicamente para concluir que padece una suave mitomanía provocada por el impacto de los acontecimientos: la guerra, la aurora boreal, la instauración del régimen de los soviets, etc. Con cautela, el padre Dhanis hace uso de todas las sutilidades del lenguaje, sin formular nunca juicios toscos; hace muchas insinuaciones, adelanta peones y los retira, discurre sobre el texto de la oración enseñada a los niños por el Ángel y ve en ella una fórmula «ni herética ni falsa, pero poco exacta».

El padre Dhanis hace estas manifestaciones a partir de 1944. Sus ideas son retomadas poco después por el futuro cardenal Journet, que se basa únicamente en su colega, ya que no ha estudiado la cuestión personalmente, no ha leído otras fuentes ni ha visitado Fátima. Este hombre emplea un estilo más incisivo: «Se nos habla –escribe en *Les Études*– de una danza del sol, de una lluvia de flores, y después de esto se nos dice que el mayor milagro, el milagro de los milagros, es la floreciente situación actual de Portugal. ¿Por quién nos toman? El imprimátur puede garantizaros herejías, nada puede hacer contra la estupidez. ¡Oh, gran Virgen misteriosa del Evangelio de Navidad y del Evangelio de la Crucifixión! ¡Oh, gran Theotókos bendita, a la vez temible y maternal! Vuestros fieles, en estos días en que tanto necesitan de Vos, ¿no tienen otra cosa que respirar sino flores de papel?».

El abate Journet ha dejado claras sus ideas: «la floreciente situación de Portugal». Su desconfianza hacia Fátima se basa en un trasfondo político, que será uno de los componentes del «movimiento antifatimista». Veinte años después, el padre Rouquette, director de la misma revista jesuita *Les Études*, recuperará y desarrollará este aspecto. Estamos en 1967; Pablo VI, el primer papa que ha visitado Fátima, ha agradecido públicamente a las autoridades civiles su participación en la organización del 50 aniversario. «¿No se temía –escribe entonces el padre Rouquette– que el paso del papa por Fátima pareciese garantizar la política de los católicos en el poder de Portugal, su colonialismo, su totalitarismo antidemocrático?». A lo que otro jesuita, el portugués Manuel Versos Figueiredo, replicaba: «La palabra democracia abarca toda una gama de fórmulas de gobierno, incluso las más tiránicas. Entre nosotros, este nombre recuerda a un célebre *Partido democrático* que, en su programa, se proponía abolir el catolicismo en Portugal en el plazo de dos generaciones».

La prensa progresista cristiana no se siente cómoda con Fátima por esta misma razón: el régimen de Salazar. La Virgen, cuyas apariciones parecen haber desencadenado la Revolución nacional, ¿será de derechas?

Al igual que Journet había citado a Dhanis, Rouquette cita frecuentemente a Journet. «En opinión de todos –señala el hermano Michel de la Santa Trinidad–, el padre Dhanis es el único crítico católico que se ha opuesto seriamente a Fátima... Todos aquellos que le han seguido no han hecho más que copiarle servilmente, repitiendo sus argumentos y añadiendo mayor o menor pasión antifatimista».

El ardor político ha desviado una cuestión que es ante todo espiritual y se sitúa en un plano mucho más elevado.

Pero el viaje de Pablo VI era, bajo otros puntos de vista, para el padre Rouquette y sus amigos, un trámite difícil de aceptar: «Muchos cristianos, y no sólo protestantes, se han sentido molestos por la garantía que la peregrinación del papa parece dar a todo lo que deriva del hecho de Fátima». Otro componente de la reacción antifatimista es la moda de un ecumenismo que consiste en borrar los aspectos del catolicismo en contradicción con las ideas de los «hermanos separados». De todos es conocida la aversión de los protestantes por el culto de hiperdulía que los católicos rinden a la Virgen María. En Fátima, este culto adquiere proporciones triunfalistas poco acordes con el «perfil base» adoptado después del Concilio Vaticano II.

Como buen jesuita, el padre Rouquette debe, sin embargo, tratar al papa con consideración. Y lo hace escribiendo que, después de todo, Pablo VI se ha mostrado bastante indiferente con este «hecho de Fátima»: «Una breve alusión al aniversario de las apariciones y a la consagración del mundo instituida por Pío XII; nada sobre el mensaje de la Virgen; una negativa a recibir en privado a la única superviviente de los videntes, la hermana Lucía».

Sin embargo, estas puntualizaciones con las que pretende tranquilizar no suprimen el hecho de que el papa haya ido a Fátima. Y para ello, intenta buscar una explicación plausible: Pablo VI sentía una «angustia devoradora ante la amenaza de la paz en el mundo. Por esta razón, tras haber dudado de si acudir a Portugal por razones evidentes, ha terminado decidiéndose».

Curiosa actitud la de un papa que «se decide», como el que acaba yendo al cine una tarde sin tener realmente ganas de salir. Sin creer realmente en ella, el papa se habría entregado a una práctica de devoción popular, a la manera de un hombre político que envía veinte mil pesetas para obras de caridad la víspera de unas elecciones para tener más posibilidades de éxito.

Por otro lado, ¿se ha mostrado «indiferente» Pablo VI con respecto a la hermana Lucía? Contrariamente a esta observación, lo cierto es que la ha hecho subir al estrado donde se entronizaba la estatua de la Virgen, la ha tomado de la mano y la ha presentado a los dos millones de peregrinos que se agolpaban en la explanada. Barthas relata que el propio pontífice había obligado a la vidente a violar la clausura carmelita para asistir junto a él a la ceremonia.

Si Rouquette se hubiese asegurado de estas cosas viendo la televisión o las fotos aparecidas en los periódicos, se habría convencido de que el papa confiaba en Fátima y en la vidente que había transmitido el mensaje de la Virgen. El padre Dhanis –del cual su colega, el padre Figueiredo, que lo conoció en Lovaina, se lamenta de que no conozca el portugués, «condición que me parece esencial para hacer un ensayo verdaderamente crítico sobre Fátima y sobre sus documentos en portugués, y en el portugués de una campesina bastante inculta»– se convierte rápidamente en el líder de la discrepancia antifatimista. El abate Laurentin, que hace un elogio de él en 1961, nos ayuda a comprender algo importante: «Las intenciones del padre Dhanis eran leales y sus conclusiones sobre el trasfondo de las cosas muy cautas; en cuanto al modo de proceder, éste era simplemente el que rige la crítica histórica en cualquier campo, en este caso la Sagrada Escritura. No fue por eso menos tratado de impío».

La «crítica histórica», como hemos visto en la definición del Petit Larousse, es uno de los tres elementos principales del modernismo.

Esta «crítica histórica» es precisamente la que ha permitido a los modernistas atacar la fe cristiana con métodos pseudocientíficos. Su modo de proceder más característico en la exégesis de los Libros sagrados consiste en despreciar los «documentos», algo bien conocido por los historiadores, es decir, sobre todo los hechos que son referidos en estos libros, para entregarse a acrobacias intelectuales que descansan sólo en sus propias estimaciones. Así es como teólogos de renombre, como Walter Kasper, han creído conveniente hacer la división entre los milagros de Jesús que son admisibles (algunas curaciones) de los que hay que rechazar (la tempestad amainada, el caminar sobre las aguas), poniendo también en duda su resurrección física, su ascensión, su nacimiento virginal y, en suma, todo lo que constituye la religión.

Nada tiene de extraño el que aplicando sus ingeniosos razonamientos a manifestaciones como el prodigio solar de Fátima, descubran, como el padre Dhanis, que «se basa en testimonios serios», antes de sopesar los ingredientes a tener en cuenta: «Hemos distinguido por una parte el fenómeno de la caída del sol y su ascenso en zigzag, que no hemos aceptado, y por otro lado el fenómeno de los temblores, las sacudidas y el comienzo de la caída, que sí hemos admitido». Los fenómenos cósmicos disgustan generalmente a los modernistas, que son personas serias, razonables y equilibradas, que huyen como de la peste de todo aquello que huele a sobrenatural. Evidentemente, en Fátima, todo esto abunda, por lo que su espíritu, que podría calificarse también de pequeño burgués o de «biedermeier», sólo quiere retener una parte. Kasper y los que piensan como él conceden a Jesús un cierto don curativo que explica su capacidad de expulsar a los demonios o de hacer bajar la fiebre a la suegra de Pedro, pero su acción sobre la naturaleza les parece inadmisible porque es imposible. Karl Rahner, otro desmitificador de las verdades de la fe, se contaba entre los discípulos del padre Dhanis.

El padre Dhanis, cuyos trabajos han sido brillantemente rebatidos por numerosos e ilustres historiadores, científicos y teólogos, fue invitado por el obispo de Fátima para personarse allí y consultar los documentos, así como para interrogar a los abundantes testigos que aún vivían en la época de sus escritos, pero prefirió abstenerse.

A todas estas razones, que explican el rechazo de los modernistas hacia Fátima, añadiremos otras más adelante.

La visión del infierno no se corresponde con la que tienen los teólogos actuales, ni con la de un número considerable de obispos franceses. En una obra colectiva aparecida en 1978 *(Des évêques disent la foi de l'Église)*, se puede leer: «El infierno es simplemente una expresión de Cristo dirigida a hombres poco evolucionados religiosamente; desde entonces, hemos evolucionado», y «Ver en el infierno un castigo que Dios inflinge a alguien que, consciente de sus faltas, no se va a arrepentir de ellas, es inaceptable. Inaceptable también es el miedo inculcado por la doctrina, según la cual, si la muerte nos sorprende en estado de pecado mortal, nos espera la condenación eterna». Ahora bien, el infierno es una verdad de fe, como Roma, inquieta al ver que los obispos asumen esta posición, lo recordaba al año siguiente en un documento de la Congregación para la doctrina de la fe: la palabra «alma» debe conservarse –se leía en él–, la Iglesia siempre ha designado este principio mediante esta palabra y niega que existan motivos válidos para cambiarla; a la vida terrestre sucede una vida eterna en la que los justos irán al paraíso y los condenados al infierno. Así dice Nuestra Señora: «Haced sacrificios por los pecadores, ya que muchas almas van al infierno...»; asimismo, enseña a los niños una oración, que es rezada hoy por los fieles después de cada decena del rosario y que incluye esta petición:

«Presérvanos del fuego del infierno».

La condenación eterna restablece la justicia, tan menospreciada en esta tierra, y es evidente que los modernistas, que presumen de defender la justicia acudiendo en socorro de los oprimidos, sienten una especie de turbación al negar cualquier tipo de sanción en el Más Allá. Están obligados a decir que combaten por un mundo mejor y más justo desde esta vida, así como a guardar silencio sobre la posibilidad de una vida después de la muerte. Pero ya no se trata de la religión cristiana.

La idea del castigo divino les resulta odiosa porque, según ellos, Dios es bueno. Sin embargo, este elemento se halla presente en numerosos pasajes de la Biblia, desde la destrucción de Sodoma y Gomorra, en el Antiguo Testamento, hasta la destrucción de Jerusalén, vaticinada por Jesús en el Evangelio. El mensaje de Fátima está impregnado de esta idea: «La guerra se acerca a su fin, pero si no se deja de ofender al Señor, bajo el reinado de Pío XI comenzará otra peor». Lo mismo sucede con el problema del mal, que los teólogos actuales no saben ni consiguen resolver. Fátima exalta el valor reparador del sufrimiento, haciendo prevalecer la preocupación por los fines últimos sobre la presente felicidad.

El trasfondo político aflora de nuevo a propósito de la paz. Aquellos que Michel de Saint-Pierre llamaba «los nuevos sacerdotes» son favorables al Movimiento mundial por la paz, punta de lanza de la propaganda soviética. Este movimiento tiene su primer congreso en 1948 en Polonia, el segundo en Praga y el tercero en París. Como escribe David Caute (*Les Compagnons de route*, Ed. R. Laffont): «La consigna era: la paz. Pero tenía un alcance específico, como así lo demostró cada congreso; significaba: ¡abajo el plan Marshall, el Pacto Atlántico, el rearmamento de Occidente y el nuevo estado de Alemania! ¡Abajo la bomba americana! pero no la bomba soviética». La paz, según la Virgen de Fátima, está, por el contrario, amenazada por Rusia, hasta tal punto que si ésta se convirtiese, «le será concedido al mundo un tiempo de paz». La guerra es el resultado de los errores de Rusia. La consagración llevada a cabo por el papa permitirá alcanzar la paz.

Entre estas dos fórmulas no existe una simple divergencia, sino una absoluta contradicción.

CAPÍTULO 14

¿Quién teme a Fátima?
Presérvanos del fuego del infierno
Un black-out bien orquestado – Nuestra Señora
en el Kremlin

No nos estamos alejando del tema que nos ocupa, el tercer secreto de Fátima, al enumerar las razones por las que estas apariciones disgustan a los modernistas, antes bien, nos acercamos a él. Los adversarios más enconados de Fátima resultan ser los nuevos teólogos, a los que un padre jesuita llama «teológicos» para señalar que se preocupan más de la filosofía que de la teología, siendo esta filosofía exclusiva de Kant, Hegel, Nietzsche, Husserl y Heidegger. El mensaje transmitido por los tres niños, que en su vida habían oído pronunciar estos nombres, desmiente en todos sus puntos las nuevas ideas de moda en la Iglesia desde hacía treinta años. No se trata en este caso de política, sino de doctrina.

1. El Ángel de las apariciones preliminares comienza la catequesis hablándoles a los niños de la Santísima Trinidad. En una aparición posterior en Tuy, en 1929, Lucía tendrá una visión del misterio de la Trinidad, de la que da cuenta en su carta al papa en estos términos: «... Una noche sólo estaba encendida la única lámpara del santuario... De repente, una luz sobrenatural iluminó toda la capilla y sobre el altar apareció una cruz de luz que lle-

101

gaba hasta el techo; en una luz aún más clara, se veía en el espacio sobre la cruz un rostro humano y el torso (el Padre), con una paloma sobre su pecho (el Espíritu Santo) y, clavado a la cruz, el cuerpo de otro hombre (el Hijo)... Sobre el brazo derecho de la cruz estaba Nuestra Señora... Comprendí que me había sido mostrado el misterio de la Santísima Trinidad y sobre este misterio recibí unas revelaciones que no me está permitido desvelar».

Mientras, una ofensiva antitrinitaria se ha dibujado en la Iglesia, en gran parte bajo la influencia del Islam. Uno de los «teológicos» más respetados, Karl Rahner, ha llegado incluso a escribir: «Una teología desmitificadora bien entendida debe darse cuenta de que afirmaciones como "hay tres personas en Dios, Dios ha enviado a su Hijo al mundo", o "somos redimidos por la sangre de Jesucristo, son pura y simplemente incomprensibles para el hombre moderno..." Producen la misma impresión que la mitología pura en una religión del pasado». Si retomamos la definición del Petit Larousse, podemos reconocer el tercer principio del modernismo: «Poner la teología de acuerdo... con lo que se cree que son las necesidades de la época en que se vive». Un Dios único en tres personas no parece muy adaptado a «los hombres de nuestro tiempo».

2. El Ángel, en su tercera manifestación en el Cabeço, hace participar a los niños del sacramento de la Eucaristía. Es lo que los historiadores de Fátima llaman «la gran teofanía eucarística». Les da la comunión bajo las dos formas, haciéndoles ofrecer «el muy preciado Cuerpo, Sangre, Alma y Divinidad de Jesucristo, presente en todos los tabernáculos de la Tierra» y continúa con estas palabras: «En reparación a los ultrajes, sacrilegios e indiferencias por las que Él mismo es ofendido...». Esta misteriosa ceremonia, a medio camino entre el Cielo y la tierra, tiene todos los atributos de una misa, ya que comprende un ofertorio y una comunión, habiendo sido las sagradas formas consagradas por el propio Cristo. Como vemos, Fátima se opone a una tendencia muy extendida, que es la de considerar la misa como una simple cena fraternal y familiar, sin creer en la Presencia real. La misa del Ángel de Portugal es, a todas luces, un sacrificio de reparación, contrariamente a lo que dice Rahner en la frase anterior.

3. Fátima proclama la existencia de los ángeles, rechazada por numerosos teológicos, y su importante papel al lado de Dios y de los hombres.

4. Fátima testifica la existencia del infierno, así como la del purgatorio, contrariamente a los manuales de catequesis que pretenden ver en él «una invención de los cristianos de la Edad Media».

5. Nuestra Señora demuestra la existencia del cielo, de donde ella viene («Vengo del cielo»), se lo promete a los niños y les anima a que recen para que los pecadores se conviertan y puedan ir también alí. El padre Pohier ha sido condenado por Roma por haber «negado la vocación del hombre a la vida eterna con Dios». Para Kasper, el cielo es «la transformación y la humanización del mundo gracias a la violencia del amor», y califica de «mitológico» lo que los catecismos han definido siempre como el «lugar de felicidad perfecta en el que los ángeles y los santos ven a Dios y gozan para siempre de su presencia». La mayor parte de los demás teológicos ofrecen una explicación tan abstracta y rebuscada del paraíso que uno acaba teniendo miedo de ir a él. En 1979, Roma juzgó útil enviar una carta apostólica a los obispos para advertir que «el Más Allá aún existe».

6. Nuestra Señora de Fátima inculca a los niños un profundo respeto por «el Santo Padre» y su autoridad soberana, contrariamente a los innovadores que rehúsan ver en él otra cosa que un «padre obispo» entre otros.

7. Les invita a rezar incansablemente el rosario, práctica combatida por la nueva pastoral, incluso en los seminarios, con el pretexto de que «no sirve más que para repetirse».

El extraño silencio que se guarda hoy en día sobre Fátima deriva de todas estas razones, las cuales explican también que el mensaje se haya falseado, como así lo demuestra el ejemplo siguiente. Algunos peregrinos nos aseguraron haber visto en 1992, el año del 75 aniversario, sobre la puerta de la basílica, una pancarta que proponía como intención de oración: «Por un mejor reparto de los bienes de la Creación».

Después de todo lo que acabamos de exponer, resulta difícil no ver en estas palabras, fuera de contexto, un engaño. Los millones de peregrinos que cada año acuden a Fátima buscan algo distinto a una nueva versión de la Cumbre de la Tierra de Río. Por más que leamos las frases pronunciadas por Nuestra Señora, no encontraremos en ellas nada que hable de reparto de riquezas ni de ecología. Ella vino a hablar esencialmente de la salvación eterna y de la conversión.

Otro ejemplo lo podemos hallar en el modo en que fue celebrado el 75 aniversario y que, por otra parte, no deja de constituir un enigma: era un acontecimiento lo suficientemente importante como para que el papa enviase a Fátima a su secretario de Estado, monseñor Sodano, en calidad de legado pontificio. Allí se encontraba también el cardenal Casaroli, su predecesor a la cabeza de la curia romana. Ahora bien, *La Croix*, periódico del episcopado francés, no había ni siquiera anunciado el acontecimiento y más tarde no dedicó ni una sola línea. Sólo quedaba leer los discursos en *La Documentation catholique*, que consagra sistemáticamente todo el espacio necesario a la menor homilía del papa, del secretario de Estado o de los presidentes de las conferencias episcopales. Sin embargo, *La Documentation catholique* optó igualmente por un mutismo casi absoluto. No es posible que en ambos casos se haya tratado de un olvido y, de hecho, disponemos de pruebas que apuntan a todo lo contrario.

En esta conmemoración, en la que figuraban como invitados de honor el antiguo secretario general de la ONU, Javier Pérez de Cuéllar, el «obispo rojo» Dom Helder Camara y Jean Comblin, uno de los fundadores de la teología de la liberación, los dos cardenales tomaron la palabra para pronunciar sendos discursos, de los que a continuación ofrecemos un extracto.

Cardenal Sodano: «Las apariciones tuvieron lugar en 1917, en los peores momentos de la Primera Guerra Mundial, que provocó la desintegración de familias y de pueblos e hizo crecer los odios y las ansias de venganza. Las relaciones entre las diversas fuerzas sociales eran conflictivas y fraticidas, y se consideraba la lucha de clases como un factor de progreso. En Fátima, la Reina de la paz hizo una enérgica llamada a la solidaridad humana, introduciendo a los creyentes en un amplio movimiento de santidad y de reparación en el que cada hermano salvaría a su hermano».

La Virgen María con su enérgica llamada a la solidaridad da que pensar a aquellos que no están acostumbrados a los mítines políticos. El secretario de Estado, tras una frase que no traiciona su particular inspiración: «El santuario de Fátima es un lugar privilegiado, dotado de un significado especial: contiene en sí mismo un importante mensaje para nuestra época», pronunció un extraño reproche: «Le pido a Dios que ilumine a la humanidad para que los hombres sepan ver en Jesucrito el sentido de la verdad, para que puedan llevar a buen fin, de una forma renovada, la idea de un orden internacional eficaz y limpio, para evitar nuevas guerras, haciendo prevalecer la solidaridad y la ayuda desinteresada entre todos».

La caridad y la comunión de los santos, reducidas a la solidaridad masónica y al humanitarismo, no necesitan de Jesucristo. Pero lo que más sorprende es este llamamiento a un nuevo orden internacional, que recuerda las ambiciones políticas trilateralistas de los Estados Unidos trilaterales. ¿Dónde está la voz que murmuraba sobre la encina: «Sacrificaos por los pecadores y decid a menudo, pero especialmente al hacer algún sacrificio: ¡Oh, Jesús, esto es por Vuestro amor, por la conversión de los pecadores y en reparación de las ofensas hechas al Corazón Inmaculado de María!».

La conversión de los pecadores, así como la oración humilde y confiada, se hallaban a cien leguas del espíritu del cardenal Casaroli cuando dijo: «Hasta una fecha reciente, la voz de la Iglesia y de los papas tuvo que elevarse para poner en guardia a las dos superpotencias contra los peligros y los perjuicios creados por la carrera armamentística, con la amenaza de una posible destrucción del planeta, mientras se malgastaban las energías humanas y los medios financieros, al tiempo que iban en aumento las carencias de la humanidad. En la actualidad, es preciso crear una autoridad internacional competente y dotada de los medios necesarios. La formación de esta conciencia es el campo de acción fundamental de la Iglesia en favor de la paz».

Nuestra Señora parecía estar fuera de contexto, con sus oraciones, su rosario y su corazón rodeado de espinas. Estos hombres de acción, estos realistas, el Ostpolitik, habían saltado como

Buffalo Bill sobre un nuevo caballo y se habían hecho fuertes, con un nuevo orden mundial, una autoridad internacional competente, dotada de los medios necesarios, para restablecer la paz sobre el planeta, donde los «creyentes» se salvarían los unos a los otros a golpes de solidaridad, sin preocuparse para nada de la Cova da Iria.

El black-out practicado por la prensa católica francesa tiene una historia bastante singular que se remonta al período de posguerra. En 1947, una iniciativa que parte de los sacerdotes alemanes da lugar a un movimiento de gran amplitud que toma el nombre de Ruta mundial de Nuestra Señora de Fátima. Una reproducción de la estatua de Gilberto, ahora conocido en todas partes, abandona el santuario de Fátima el 13 de mayo. Su travesía por una parte de Portugal y de España resulta un éxito: acuden para verla grandes cantidades de gente, los pueblos y ciudades por los que pasa decretan festivo ese día, los teatros y cines suspenden la función, los alcaldes dejan a los pies de la Virgen su bastón de mando, se producen confesiones en masa y peticiones de bautismo. Todo esto se repetirá durante doce años en todos los países incluidos en el recorrido.

El objetivo inicial es llegar el 1 de septiembre a Maastricht, donde está previsto que la Virgen presida el congreso mariano cuya clausura coincidirá con la firma del tratado que constituirá el Benelux. Pero para ir de España hasta Holanda, es necesario pasar por Francia. Se produce entonces una protesta general. *La Croix* de París hace público el deseo de que la estatua vaya directamente de España a Italia tomando el barco. Cuando ésta se presenta en Hendaya, frontera cerrada desde 1936 por el bloqueo decidido en Yalta tras la guerra civil española, el canónigo Barthas, que se encuentra allí, tiene la impresión de que la policía ha recibido órdenes para impedir que Nuestra Señora franquee el Bidasoa. La multitud que ha acudido a recibirla, formada principalmente por vascos, comienza a murmurar; dos obispos, el de Bayona y el de Vitoria, intervienen. El jefe de posta no sabe cómo resolver la situación, se informa sobre el itinerario y, de pronto, tiene una idea: va a ver a los aduaneros y regresa con un bono de pago de los derechos de aduana para Bélgica que pega sobre el pedestal de la estatua. Durante el tiempo que tarda en franquear el puente, Nuestra Señora de Fátima es considerada como una mercancía sin valor declarado.

La estatua atravesará Francia en el más completo silencio por parte de los medios de comunicación, siendo muy aclamada en Lourdes, donde casualmente se halla un grupo de trescientos portugueses. Después de Maastricht, recibirá una acogida triunfal en Bélgica, donde embarcará en Amberes para regresar a Portugual; ésta será su primera travesía por mar.

Mientras tanto, el 15 de octubre, los organizadores la han hecho dar un salto hasta París, lo que ha dado lugar, en el atrio de la catedral, a una ceremonia que ha reunido, casi exclusivamente, a rusos y portugueses. Por falta de información en los periódicos, los franceses no han acudido, excepción hecha del general Leclerc, que se compromete ante Nuestra Señora a rezar diariamente el rosario.

¿Cómo explicar este ostracismo que, como veremos, continúa hasta nuestros días? El año 1947 fue el año terrible en que Francia estuvo a punto de caer en la órbita soviética. El Partido Comunista provocó una situación de crisis; sus ministros, después de haberse negado a votar los créditos para Indochina, son excluidos del gobierno; la obstrucción parlamentaria es encabezada por sus diputados, que serán expulsados del hemiciclo en noviembre mientras sus tropas de choque organizan huelgas y motines, y sabotean las vías férreas: se contabilizan hasta dieciséis sabotajes, que provocan siete descarrilamientos; se trata de una nueva batalla del ferrocarril, esta vez contra Francia. En Marsella se producen violentas manifestaciones; el 5 de diciembre, el gobierno volverá a llamar a 30.000 hombres del reemplazo que había sido licenciado unos días antes. La URSS parece haber abandonado su plan de invasión ante el temor de una intervención de los Estados Unidos.

Los católicos de izquierda son atraídos por la fatalidad del comunismo o seducidos por el análisis de Marx. En sus manos tienen los medios de comunicación, *La Croix, Témoignage chrétien, La Vie catholique illustrée, Le Monde,* puesto en marcha por los demócrata-cristianos, así como numerosos periódicos de pro-

107

vincias. Pío XII mencionará varias veces esta colusión y, en su mensaje de Navidad radiado, denunciará la infiltración de los medios católicos: «En la titánica lucha entre los dos espíritus opuestos que se disputan el mundo, hay desertores y traidores».

Para todos ellos, la Virgen de Fátima procedía de países que consideraban fascistas, y no tenían en cuenta si venía o no del cielo. La ideología se apoderaba del espíritu cristiano y lo único que les interesaba era el paraíso soviético.

La milagrosa estatua inicia entonces una larga vuelta al mundo. En primer lugar, se dirige a los Estados Unidos, donde se le dispensa una calurosa bienvenida. En una ciudad como Buffalo, que sólo cuenta con 50.000 católicos, es acogida por 200.000 personas. En África –excepción hecha de las posesiones francesas, en las que impera el mismo ostracismo que en Francia– los paganos la agasajan y se producen conversiones masivas, entre las que se cuenta en Kenia la del fundador de los Mau-Mau, Jomo Kenyatta, que sería más tarde presidente de la república de su país durante catorce años.

En la India, la Virgen recibe una gran ovación. En Goa, su llegada paralizó los ataques de la guerrilla y reunió a su alrededor a todas las castas; Nehru llegó a declarar: «Vuestro paso es el acontecimiento más importante de nuestra historia». El canónigo Barthas relata un suceso del que toda la prensa nacional se hizo eco: «Se dieron algunos casos raros de castigo de blasfemos. Citaremos sólo uno, el del periodista jacobita de Trichur, que había firmado un artículo contra la maternidad divina de María y contra lo que él llamaba la idolatría de una estatua. En el momento en que entraba en la estación el tren especial que transportaba la estatua, que fue recibida por una multitud de 50.000 hombres con manto blanco y 50.000 mujeres en sarí azul, el periodista cayó fulminado por un mal misterioso del que ningún médico supo determinar el origen; murió tres días después, en el preciso momento en que la Virgen volvía a su vagón florido para continuar el viaje».

En Pakistán, son los musulmanes los que acuden a rendirle honores. A continuación, se traslada a Australia y Oceanía, sube a Corea y parte para América del Sur, para terminar el viaje en Italia, donde el cardenal Lercaro relatará: «Como un estribillo, se repiten sin cesar los mismos hechos: la redoblada práctica de los sacramentos, el asombro del clero local al ver siempre llenos los confesionarios y vacíos los copones, señales de un verdadero cambio interior y la constatación de innumerables conversiones. En las ciudades, ha sido necesario reunir cuarenta o cincuenta confesores para cubrir las demandas de los fieles».

Curiosamente, la ruta mundial, que habían propuesto los sacerdotes alemanes, deseosos de promover después de la guerra la reconciliación entre los pueblos, había dejado de lado a Alemania. Se decía, y parece evidente, que la Virgen de Fátima no podía ir a Alemania. Curiosamente también, se debe al cardenal Frings la suspensión de esta prohibición. El arzobispo de Colonia impondrá al Concilio Vaticano II, junto con otros tres innovadores, la deriva liberal que precipitará la crisis de la Iglesia. En 1954, sin embargo, como pastor juicioso que es, encarga hacer una reproducción de la Virgen de Gilberto y organiza un circuito a través de los sesenta y tres distritos de su diócesis. Los resultados son los mismos que en Italia: los sacerdotes deben pasar catorce horas en el confesionario.

En octubre de 1992, fuimos advertidos por una librera próxima a San Sulpicio en París de que unos peregrinos americanos, portadores de una estatua de Fátima, habían invadido la plaza, probablemente, habían celebrado una misa en la iglesia y habían vuelto a irse como habían venido. Retenida por su negocio, no había podido saber nada más. Sin su testimonio, habríamos ignorado un hecho de cierta importancia del que nadie ha dicho nada y sobre el que hemos hecho algunas preguntas. Muchas de estas casi mil personas eran jóvenes en 1947. El 13 de mayo de aquel año habían asistido al congreso mundial de la juventud y hecho el voto de regresar a Fátima en su 75 aniversario.

Allí estaban, cuarenta y cinco años más tarde, lo que demuestra que los entusiasmos levantados en la ruta mundial no habían sido pasajeros. Pero lo más curioso del caso es que a continuación se dirigieron hacia la capilla de la Médaille milagrosa de la calle du Bac para, finalmente, montar en sus coches rumbo a Lourdes en medio de la indiferencia más absoluta. En Lourdes, fueron tratados con desconfianza por los capellanes, y abandonaron Francia para dirigirse a Fátima, desde donde volaron rumbo a Moscú.

El 18 de octubre traspasaban las barreras policiales que custodiaban, sin mucho empeño, la Plaza Roja y procedían, en la esquina opuesta al mausoleo de Lenin, al coronamiento de Nuestra Señora de Fátima. Era la primera vez que ésta penetraba en un recinto durante tanto tiempo prohibido a Dios; se hacía así realidad una visión de san Maximiliano Kolbe antes de su muerte. Sobre este suceso, transmitido en Estados Unidos por televisión, la prensa católica francesa, fiel a su consigna, guardó el más absoluto silencio.

CAPÍTULO 15

El zapato de Kruschov – De Gaulle excomulgado
El sucesor de saint Rémi
Un arma absoluta de largo alcance

En el año 1960, en contra de lo que se esperaba, no fue revelado el tercer secreto de Fátima. En el plano internacional, también fue el año Kruschov. El primer secretario del PCUS se sintió atraído de tal forma por Occidente que en el transcurso de un año realizó dos viajes. A título informativo, citaremos su estancia en Francia del 23 de marzo al 3 de abril, en la que el general de Gaulle le hizo visitar las grandes empresas industriales y agrícolas francesas, dando, sin embargo, la orden de no llevarle a Beauce, pues temía dar ideas al hombre que había lanzado en su país la operación Maíz, haciéndose fotografiar mientras devoraba ávidamente una enorme mazorca.

Pero hay otro hecho que merece mencionarse. En el programa de festejos se incluyó la visita a la catedral de Reims del «Señor K», que acababa de cerrar diez mil iglesias en la URSS. El arzobispo de Reims, monseñor Louis Marmottin, reacciona enérgicamente contra esta pretensión. A pesar de que Bellas Artes ha hecho valer el derecho de propiedad del Estado sobre la catedral en virtud de la ley de separación, el arzobispo escribe una carta conminatoria al presidente de la República. En ella, le recuerda las excomuniones pronunciadas por Pío X contra los expoliadores, condenas «que persisten y no pueden perder la vigencia», después le notifica que éstas afectan «a cualquier persona, aunque se encuentre a la cabeza del Estado, que pretenda ejercer un derecho de propiedad fundado sobre ficciones legales». Conviene resaltar el siguiente párrafo de esta exhortación: «El sucesor actual de saint Rémi considera que es su deber advertiros... Lamentamos, señor Presidente, hacerle saber que tal proceder, la profanación del baptisterio de Reims, conllevaría, para vuestra persona y para los que ejecuten vuestras órdenes, funcionarios o ministros cristianos que acompañen en este lugar al perseguidor de los cristianos, las censuras que nuestra carta menciona. Si decidís hacer caso omiso de esta advertencia, al sucesor de Rémi sólo le quedará llorar, en la soledad de su catedral profanada, por el triste destino de una nación, en otro tiempo piadosa y hoy venida a menos, y rezar por vuestra conversión».

De nada sirvió que el prelado hiciese cerrar las pesadas puertas: los cerrajeros de Bellas Artes acudieron para abrirlas y la visita se llevó a cabo. Al día siguiente, monseñor Marmottin celebraba una ceremonia de reparación y dos meses más tarde, después de haber defendido con encono su causa, abandonaba este mundo.

El año Kruschov empezaba mal y acabaría trágicamente para él. En octubre, provocaba el estupor general al acudir a Nueva York para ocupar personalmente en las Naciones Unidas el puesto de la URSS. Durante quince días, los periódicos de todo el mundo tuvieron materia de que ocuparse, ya que K. se había propuesto tener un papel de primer orden en los debates. Uno de sus discursos más polémicos estuvo motivado por el rechazo de los delegados a admitir a la China popular en la Organización. Kruschov intervino con brillantez sobre las cuestiones de desarme y descolonización. Visiblemente, su objetivo era aterrorizar al mundo libre para que tomasen en serio su amenaza, formulada en junio, de lanzar misiles sobre los Estados Unidos si éstos intervenían en Cuba contra el régimen de Fidel Castro. Estos misiles, como revelaría poco después, serían lanzados desde submarinos atómicos que poseía la Unión soviética. Era la revelación del año.

Pero la seguridad en sí mismo que manifestaba no se basaba solamente en los misiles submarinos en curso de fabricación, ni en los misiles intercontinentales (Rusia tenía treinta y cinco misiles de este tipo), sino en un «arma absoluta» de propulsión atómica capaz de alcanzar cualquier punto del globo. Las pruebas eran realizadas a toda prisa para que pudiera ser anunciada durante la próxima fiesta nacional soviética, el 7 de noviembre.

El 12 de octubre fue la fecha de un incidente que pasará a los anales de la historia. A propósito de la supresión del régimen colonial, uno de los delegados denunció la hegemonía de la URSS sobre los países que ésta había anexionado a su imperio. Kruschov monta entonces en cólera, real o simulada, y para impresionar al auditorio, se quita uno de los zapatos y golpea repetidas veces su escaño con él.

Ese mismo 12 de octubre se produce otro acontecimiento. En Portugal, el obispo de Fátima, monseñor Venancio, se ha tomado muy a mal el silencio de Juan XXIII y la poca atención que concede al mensaje de la Virgen. Así es que decide enviar una carta a todos los obispos del mundo para «presentarles una petición». Es conveniente señalar que tal forma de proceder es muy poco común en la Iglesia.

«La inquietud del mundo entero ante la fragilidad de la paz –escribe en la carta– y más aún la angustia que oprime a los cristianos clarividentes ante la amenaza de la expansión del comunismo explican de sobra las numerosas peticiones que me llegan de todas partes para potenciar el movimiento de oración y de penitencia nacido en la Cova da Iria, especialmente por la conversión de Rusia y la paz».

Monseñor Venancio se mostraba consciente de la insuficiencia de las consagraciones ya ofrecidas por el soberano pontífice, ya que estimaba que un redoblamiento de las oraciones contribuiría «a eliminar los obstáculos que han podido impedir a estos actos solemnes tener plena eficacia». Pedía a los obispos que propusiesen a sus fieles, los siguientes días 12 y 13 de octubre, «ejercicios de oración y penitencia en unión con todos los peregrinos de Fátima». De esta forma, realizarían «verdaderas jornadas de oración y de penitencia para obtener el triunfo de la causa de Dios». La noche del 12 al 13 debía ser consagrada a adorar el Santo Sacramento.

Todo Portugal respondió con fervor. En Fátima, con un tiempo espantoso, 40.000 fieles velaron toda la noche bajo la tempestad y la lluvia en compañía del patriarca de Lisboa y numerosos obispos. A la mañana siguiente, en el acto de la misa, se les unió una multitud de peregrinos que se cifró en 300.000 o 400.000 personas, muchas de ellas llegadas a pie. El sol hizo su aparición en el preciso momento en que traían la estatua para colocarla cerca del altar levantado en el exterior, sobre el nártex. Las consignas de monseñor Venancio habían sido más o menos seguidas en todo el mundo; «más bien menos en Francia –según cuenta Barthas–, pero aquella noche, una gran parte de la cristiandad rezaba por la conversión de Rusia y la paz en el mundo».

En la tarde del día 12, después de su pantomima en la tribuna de la ONU, Kruschov recibía una notificación y tomaba precipitadamente el avión hacia la URSS. En *La Pravda* se podía leer, tres o cuatro días más tarde, que había acudido a los funerales del almirante Nedeline. Se trataba de un pretexto con el que la diplomacia occidental tuvo a bien conformarse. El almirante Nedeline había muerto, efectivamente, pero no en un accidente de avión, como se informó. El canónigo Barthas transcribió en 1966, a este respecto, el pasaje de un libro que acababa de aparecer en la editorial Tallandier bajo el título: «Diarios secretos de un espía»: «Cuando la cuenta atrás terminó, el cohete no despegó del área de lanzamiento. Tras quince o veinte minutos de espera, Nedeline salió del refugio seguido de sus ayudantes. Fue entonces cuando se produjo la explosión, que causó más de trescientas víctimas. Los restos fueron trasladados a Moscú, pero las urnas sólo contenían barro».

A partir de 1960 el equilibrio del terror se restablece en favor del mundo libre. Las oraciones solicitadas por monseñor Venancio, ¿habían obtenido del cielo el fin de los sueños del doctor Folamour? Sea como fuere, no deja de sorprender la extraordinaria concordancia de fechas que, una vez más, se produce en la historia de Fátima.

CAPÍTULO 16

Un terrible secreto
Castelgandolfo en el mes de agosto
Un papa optimista – Curiosidad morbosa

El 8 de diciembre de 1941, Lucía envía a su obispo las últimas páginas de la cuarta Memoria, escrita en un cuaderno escolar con una bella escritura, regular y de una elegante sobriedad, que se lee fácilmente. Bajo la presión del canónigo Galamba, que preparaba la tercera edición de su libro *Jacinta*, monseñor da Silva le ordena que ponga por escrito todo lo que sabe. Ella se aplica en ello, no sin cierta reserva:

«Cumpliré las órdenes de Vuestra Excelencia y los deseos del reverendo padre Galamba. Exceptuando la parte del secreto que por el momento no me es permitida revelar, lo contaré todo».

Esta parte es la tercera. La carmelita repite las palabras de la Virgen que ya habían sido consignadas unos meses atrás en su anterior Memoria, en particular la profecía relativa a la noche iluminada por una luz desconocida y a los errores de Rusia. Pero esta vez, al final del párrafo, añade la famosa frase truncada que hasta entonces no había aparecido: «En Portugal, siempre se conservará el dogma de la fe, etc.».

Dos años después, Lucía contrae una enfermedad infecciosa que hace temer por su vida. Monseñor da Silva le hace una visita en la enfermería de la orden carmelita de Tuy. No le da la orden explícita de poner por escrito el tercer secreto, como le había sugerido el canónigo Galamba, pero se lo aconseja. Si Lucía muere, el mensaje de la Virgen desaparecerá para siempre. Sor Lucía habría preferido recibir una orden formal, ya que la decisión, dejada a su libre arbitrio, le produce una crisis de conciencia. Pero cuando el obispo le envía una carta imperativa, tarda más de dos meses en responder y no lo hace hasta el 9 de enero de 1944. En varias ocasiones ha tomado la pluma sin llegar a decidirse. Al parecer, una aparición de Nuestro Señor ha hecho desaparecer sus dudas.

Empiezan aquí las tribulaciones de la controvertida misiva. Lucía espera hasta junio para hacerla llegar al obispo, pues quiere confiarla a manos seguras, que acabarán siendo las de un superior de una congregación misionera que ha acudido a visitarla. Éste la entrega a monseñor da Silva, que la guardará en su palacio episcopal.

Una observación del padre Alonso, el especialista de Fátima más famoso, intenta explicar este exceso de precauciones: «¿Cómo comprender las grandes dificultades de Lucía para escribir este secreto cuando ya había escrito sobre cuestiones más arduas? Si sólo se trataba de anunciar proféticamente nuevos y grandes cataclismos, estamos seguros de que sor Lucía no habría encontrado tantas dificultades para cuya superación precisó de una especial intervención del Cielo».

De esto se deduce que estamos ante un terrible secreto. Monseñor da Silva es consciente de ello, ya que se intenta deshacer de él confiándoselo al patriarca de Lisboa, que lo rechaza. Podemos imaginarnos a este valeroso obispo, hombre piadoso, recto y valiente, que ha soportado con coraje durante la revolución de 1910 la paja húmeda de los calabozos en múltiples detenciones, pero que se siente intimidado por los temas sobrenaturales que vienen a complicar su labor pastoral. Sus infortunios, que han comenzado con su nombramiento, durarán en total treinta y siete años, y para quien no tiene vocación humana en situaciones excepcionales, resultarán una pesada carga. El primado de Portugal no quiere saber nada del asunto y monseñor da Silva tiene la idea de transmitir al Santo Oficio el pliego que le quema entre

116

las manos. Éste, sin embargo, opina que el pliego está bien donde está. Consulta entonces con Lucía, que le aconseja guardarlo mientras viva, después de dejar disposiciones para que sea remitido, a su muerte, al patriarca. Un día, lo introduce en un sobre más grande, que a su vez oculta, y en el que escribe:

«Este enveloppe com o seu conteudo, sera entregue a Sua Eminencia O Sr Cardeal D. Manuel, Patriarca de Lisboa, depois da minha morte.

»Leiria, 8 de Dezembro de 1945.

»José, Bispo de Leiria».

(«Este sobre, con su contenido, será remitido a Su Eminencia el cardenal D. Manuel, patriarca de Lisboa, después de mi muerte. Leiria, 8 de diciembre de 1945. José, obispo de Leiria.»)

El hermano trinitario Miguel reproduce en su obra la foto tomada por un reportero de *Life* en 1948. En ella se ve al obispo, con todos sus distintivos, sentado ante el sobre, que está colocado sobre un cojín, y con una expresión resignada en su rostro.

Deberá llevar esta cruz hasta el final de sus días, que se producirá trece años más tarde. Pero en 1957, Roma repara inesperadamente en la existencia del secreto de Fátima y pide que le sea enviado, junto con fotocopias de todos los escritos de Lucía. El obispo auxiliar, monseñor Venancio, propone entonces a don José leer el tercer secreto antes de desprenderse de él. «No–responde éste–, no me interesa. Es un secreto y no quiero leerlo». Una vez solo, Venancio intenta leer algo poniéndolo al trasluz. A través de los dos sobres, tan sólo puede constatar, sin llegar a leer nada, que el texto está escrito sobre una sencilla hoja de papel cuyos márgenes son «de tres cuartos de centímetro». Esta precisión tiene más importancia de lo que parece, ya que permite calificar de apócrifo el texto que circulará, como más tarde veremos, a partir de 1975.

La razón por la que en 1957 el Vaticano reclama el sobre, dejando a un lado todo lo demás, cuando no había querido oír hablar de él desde hacía trece años, es controvertida. Sin embargo, podemos apuntar varios indicios: sor Lucía había hecho prometer a monseñor da Silva que el sobre se abriría definitivamente y el secreto se daría a conocer a todo el mundo cuando ella muriese o en 1960, «según lo que se produjese antes», y da sus razones al canónigo Barthas: «Porque la Santa Virgen así lo quiere». El año 1960 se acerca y el obispo de Leiria tiene ya un pie en la tumba (de hecho, morirá ese mismo año, en 1957); su negativa a abrir el pliego había zanjado la cuestión de forma provisional, pero después de él, el sobre debía ser remitido al patriarca, que no tendría forzosamente la misma actitud. Por otro lado, el cardenal Cerejeira había anunciado públicamente, con ocasión de un congreso mariano en Brasil: «Por las dos partes ya reveladas del secreto –la tercera aún no ha sido comunicada, pero está redactada en una carta lacrada que será abierta en 1960–, sabemos lo bastante para concluir...».

Ahora bien, en el ánimo de Lucía, el sobre no estaba reservado al papa, sino a su obispo y al patriarca. Y no había ninguna razón por la que este último no debiera abrirla en la fecha fijada. Alguien en Roma debió entonces presentir la importancia del secreto y el interés que habría en controlar la difusión, pensando que lo mejor era hacerse con él antes de que fuese demasiado tarde. El cardenal Ottaviani se irá de la lengua más tarde al decir que se hizo «para evitar que una cuestión tan delicada, que no estaba destinada a ser la comidilla de la gente, fuese a caer, por cualquier razón, incluso fortuita, en manos extrañas».

El nuncio apostólico, monseñor Cento, hace llegar el sobre a Roma, donde es entregado a Pío XII, quien a su vez lo coloca en el pequeño cofre del que ya hemos hablado. Según todos los indicios, no llegó a abrirlo. Monseñor Ottaviani dirá que a continuación fue transmitido «todavía cerrado» a Juan XXIII y Lucía confesará a finales de 1957 que la Santa Virgen se lamenta de que no se la haga caso: «Sólo el Santo Padre y monseñor el obispo de Fátima podían saberlo [el secreto] por voluntad de la Santísima Virgen, pero no lo han querido así para no ser influenciados».

Pío XII muere antes de 1960.

El 28 de octubre de 1958, el cardenal Roncalli era designado papa con el nombre de Juan XXIII. Conocía Fátima e incluso había presidido una peregrinación nacional portuguesa, pero el aire innovador que pretendía dar a la Iglesia no se ajustaba con el men-

118

saje de la Virgen. Basta con citar este pasaje de su discurso de apertura del Concilio Vaticano II:

«A menudo sucede que en el ejercicio diario de nuestro ministerio apostólico, nuestros oídos son ofendidos al escuchar lo que dicen algunas personas, que inflamadas de celo religioso, carecen de precisión de juicio y de mesura en su manera de ver las cosas. En la actual situación de la sociedad, sólo ven ruinas y calamidades; acostumbran a decir que en nuestra época se ha producido un profundo empeoramiento con respecto a siglos pasados... Nos parece necesario manifestar nuestro completo desacuerdo con estos profetas de desgracias, que anuncian siempre catástrofes, como si el mundo estuviese próximo a su fin».

El «buen papa Juan», ¿pecaba quizá de optimista? Cómo no pensar en ello, a treinta años de distancia, al leer otro pasaje extraído esta vez de su Constitución apostólica *Humanae Salutis:*

«Sabemos que la vista de estos males sumerge a algunos en tal desánimo que sólo ven tinieblas que envuelven por completo a nuestro mundo... Nosotros distinguimos en medio de estas densas tinieblas nuevos indicios que nos parecen anunciar tiempos mejores para la Iglesia y el género humano. Es cierto que las guerras criminales que hoy se suceden sin interrupción, los deplorables males espirituales causados aquí y allá por distintas ideologías, las amargas experiencias padecidas por los hombres desde hace tanto tiempo, todo ello tiene el valor de una advertencia... pero esto empuja a los hombres a preguntarse a sí mismos, a reconocer más fácilmente sus propias limitaciones, a aspirar a la paz, a apreciar el valor de los bienes espirituales; y todo ello acelera el proceso... que conduce, cada vez más, a todos los individuos, las clases sociales y las propias naciones a unirse amistosamente, ayudarse, completarse y perfeccionarse mutuamente...».

Las profecías de Fátima que se conocían hasta entonces no habían ido precisamente en esta dirección. ¿Qué pasaba con la tercera parte del secreto? En agosto de 1959, el papa Juan XXIII, que se encontraba en la residencia papal de Castelgandolfo, pensó que la tranquilidad del verano se prestaba a la lectura atenta del documento en el cual pensaba todo el mundo. El futuro cardenal Felipe fue el encargado de llevárselo desde el Vaticano. Lo que sigue es bastante confuso, como suele ocurrir con todas las escenas de la vida privada del papa, presenciadas por pocos testigos. Según el secretario particular del Santo Padre, monseñor Capovilla, no lo leyó en seguida, ya que deseaba proceder a ello en compañía de su confesor y, después de hacerlo así unos días más tarde, no emitió ningún comentario y manifestó que prefería remitir a otros (¿a su sucesor?, se pregunta Capovilla) la apreciación del texto; a continuación habría dictado al prelado una nota que introdujo en el sobre antes de cerrarlo. Según el cardenal Ottaviani, lo entendió inmediatamente sin necesidad de ningún intérprete. Según el abate Laurentin, lo habría leído en presencia de Ottaviani. Este último dice haberlo leído también, sin precisar si lo hizo durante la misma sesión. Monseñor Capovilla sigue relatando que el papa discutió la cuestión con varios cardenales y obispos. De una u otra forma, se llega al «pozo profundo, negro, negro» del prefecto del Santo Oficio, un agujero negro que muy bien puede haber sido, según Capovilla, un cajón de su mesa de trabajo privada donde el sobre permanecerá hasta su muerte.

El año 1960 llega por fin; en todo el orbe católico se sabe que el secreto pronto dejará de ser tal. Los especialistas de Fátima lo anuncian, los periódicos mantienen informados a sus lectores. Algunos piensan que se dejará para el 13 de mayo, pero lo cierto es que hay seis fechas posibles. Los más pacientes se contentarían con el 13 de octubre. Sin embargo, no hará falta esperar hasta mayo. El 8 de febrero, la Agencia portuguesa de información publicaba esta noticia:

«Ciudad del Vaticano.

»Es probable que el *secreto de Fátima* nunca sea hecho público.

»En círculos del Vaticano, altamente fidedignos, se acaba de declarar al representante de United Press International que es muy probable que la carta en la que la hermana Lucía escribió las palabras que la Virgen María dirigió a los tres pastorcillos en la Cova da Iria no sea jamás abierta.

»Por indicación de la hermana Lucía, la carta sólo podría ser abierta durante el año 1960.

»Ante las presiones ejercidas sobre el Vaticano, según se afirma en los mismos círculos (unas para que la carta sea abierta y su

120

contenido revelado al mundo entero, otras para que no sea abierta, partiendo del supuesto de que debe contener alarmantes vaticinios), el Vaticano ha decidido que el texto de la carta de la hermana Lucía de momento no será revelado y que permanecerá cautelarmente bajo el secreto más riguroso.

»La decisión de las autoridades vaticanas se fundamenta en las razones siguientes: 1) La hermana Lucía está aún viva. 2) El Vaticano conoce ya el contenido de la carta. 3) Aunque la Iglesia reconoce las apariciones de Fátima, no desea asumir la responsabilidad de garantizar la veracidad de las palabras que los tres pastorcillos aseguraron haber oído a la Virgen.

»En estas circunstancias, es muy probable que sobre el *secreto de Fátima* sea mantenido, para siempre, el más absoluto silencio».

La noticia causa una desagradable sensación, si bien no se trataba más que de un despacho de agencia. Un comunicado cualquiera podía haberlo atenuado, incluso desmentido. Pero no hubo ningún comunicado, ninguna alusión del papa. Juan XXIII se había servido de las agencias de prensa para hacer conocer su decisión al pueblo cristiano. La forma desenvuelta en que el texto había sido redactado daba escasa importancia al «pueblo de Dios», al que por otro lado el concilio iba a declarar adulto pocos años después. La primera de las razones aducidas no deja de recordarnos al director de un colegio arbitrando una disputa entre sus alumnos: ya que no conseguís poneros de acuerdo, ninguno se saldrá con la suya.

Los demás argumentos resultan poco convincentes. El hecho de que sor Lucía estuviese aún viva no cambiaba en nada las cosas, más aún cuando la divulgación del secreto no estaba ligada a la desaparición de la vidente, sino aplazada *in aeternum*. El hecho de que el Vaticano conociese el contenido de la carta no explicaba por qué debía ignorarla el resto de la cristiandad. Finalmente, la credibilidad de aquellos tres niños era puesta en duda en este tercer punto, cuando se les había creído en los dos anteriores.

El parte alegaba la decisión del «Vaticano» y de las «autoridades vaticanas»; se escudaba tras las confidencias de «círculos del

Vaticano altamente fidedignos», términos convencionales empleados por las agencias cuando envían una información aún imprecisa, pero muy insuficientes tratándose de una decisión definitiva e irrevocable del propio papa sobre un tema de tal envergadura.

El procedimiento se revelaba al menos irrespetuoso con respecto a la Virgen María, a la que se ponía en entredicho de palabra con razones inconsistentes. Se publicaron abundantes artículos en los periódicos más autorizados: unos para criticar el silencio del papa, otros para apaciguar los ánimos que se habían exaltado. Esta segunda corriente de opinión aconsejaba a los fieles retener dos palabras clave del mensaje de Fátima: oración y sacrificio, para apaciguar su curiosidad. Se les reprochaba que buscasen el estremecimiento asociado a las profecías apocalípticas, lo que venía a sugerir que el secreto continuaría siendo tal mientras nadie quisiese saber nada. O bien, se les decía: ¡Circulen, no hay nada que ver, el tercer secreto probablemente no hace más que repetir el primero: oración y sacrificio! Pero si en realidad era así, ¿por qué se mantenía oculto?

CAPÍTULO 17

El carabinero de la Iglesia
Genocidio en Camboya
La conversación de Fulda
La explicación se acerca

A continuación le sucede Pablo VI, y la escena se repite: pide que le muestren el secreto, lo lee y lo vuelve a guardar. Según monseñor Capovilla, esto sucedió al mes siguiente de su elección (julio de 1963) o unos meses después. Los años pasan; el concilio, hasta 1965, desvía la atención pública hacia otros temas; en 1967 corre el rumor de que el papa, aprovechando el 50 aniversario de las apariciones, revelará el secreto sin que parezca que contradice a su predecesor. Esperanza frustrada: sin esperar al 13 de mayo o al 13 de octubre, en el mes de febrero, el papa encarga al cardenal Ottaviani que desengañe al «pueblo de Dios».

No habría podido escoger a una persona mejor para inspirar confianza. Ottaviani es todo lo contrario de un modernista. Conocido con el sobrenombre de «el carabinero de la Iglesia», vela fielmente, incluso de forma feroz, desde que está a la cabeza del Santo Oficio, transformado tras el Vaticano II en Congregación para la doctrina de la fe, sobre el depósito sagrado de la Iglesia. En el propio Concilio, se ha enfrentado con todos los innovadores, principalmente en el apartado de reforma litúrgica. En 1969 firmará, junto con el cardenal Bacci, un «Breve examen crítico» con el que quiere demostrar que la nueva misa «se aleja de forma impresionante, en su conjunto, así como en el detalle, de la teología católica de la Santa Misa». El año anterior a su intervención sobre Fátima, ha enviado a las conferencias episcopales de todo el mundo una lista de diez «opiniones singulares y peligrosas», entre ellas, la tendencia a dejar de lado la Tradición en favor de las Sagradas Escrituras, reduciendo el carácter inspirado y seguro de éstas; el relativismo, según el cual, la verdad cambiaría en función de los períodos históricos; la tendencia a hacer de Cristo sólo un hombre, olvidando que también es Dios; el abandono de la doctrina del pecado original; los excesos del ecumenismo, poniendo en peligro «la unidad de la fe y de la Iglesia»... En resumen, todas aquellas opiniones que se alejan notablemente de la doctrina milenaria de la Iglesia.

El cardenal, cumpliendo órdenes, decepciona extraordinariamente cuando el 11 de febrero toma la palabra en Roma. La crítica interna del texto de su conferencia revela diversas incoherencias y errores más o menos serios. Mostrándose poco documentado sobre los hechos (toma a Francisco y a Jacinta por hermanos de Lucía), alega y repite que Lucía ha escrito el tercer secreto en honor del Santo Padre («Él es el destinatario del Secreto»), lo que no se corresponde con la realidad; asimismo, afirma que en el momento actual «es difícil decir dónde se encuentra el Secreto de Fátima» ya que se ignora lo que hizo con él Juan XXIII después de leerlo: una mentira más, ya que Pablo VI lo ha leído también.

Pero lo fundamental es que el cardenal desfigura el mensaje de Fátima al afirmar que «se resume en estas dos palabras: *oración y penitencia*», con lo que subordina a esta doble petición la paz del mundo. Asimismo, elude la conversión de Rusia, sin citar siquiera el nombre, la consagración solicitada por la Virgen, la comunión reparadora de los primeros sábados de mes, la visión del infierno. Sin embargo, habla del ecumenismo, del que la Virgen no ha dicho ni una sola palabra, y contra los abusos del cual, él mismo había advertido el año anterior en sus «Diez opiniones peligrosas». Su intención parece ser la de borrar toda idea de catastrofismo y demostrar que el tercer secreto –que él declara haber leído– no presenta este carácter. Lanza una llamada al optimismo que recuerda mucho al discurso de apertura de Juan XXIII: «La confianza en la que está inspirado el mensaje de Fátima, igual que en la parte hecha pública, nos permite vislumbrar en esta segunda mitad de siglo... los primeros indicios, aún borrosos, de una futura instauración de las cosas terrenales en la paz y el reino de Cristo. Algunos signos, el albor de nuevas situaciones, podría decirse que comienza a dibujarse... En algunos países ya hay señales reveladoras que son signos de evolución, indicios del éxito de este ecumenismo que siempre aproxima fraternalmente a los pueblos... Entre estas señales se cuenta la forma en que es acogido todo lo que el papa hace por la paz. Naturalmente, guardaré la reserva que se imponga, pero ayer, en concreto, me hablaban de las nuevas diligencias que se están llevando a cabo estos últimos días para facilitar la solución del conflicto vietnamita...».

«Quizá sea optimista», añade el cardenal, y ciertamente lo era. En lo que concierne a la guerra del Vietnam, no se le puede conceder el don de la profecía, ya que el conflicto durará cinco años más, sin olvidar todas las repercusiones, que llegan hasta el día de hoy: la instauración de un estricto régimen comunista, el genocidio de Camboya, las persecuciones religiosas, etc. El acercamiento fraternal de los pueblos no constituye el rasgo dominante de los veinticinco años siguientes; el ecumenismo no ha logrado frenar el enfrentamiento entre los ortodoxos rusos y la Iglesia romana, como tampoco ha logrado que países como Arabia Saudita practiquen la reciprocidad en materia de tolerancia religiosa.

En cuanto al secreto, el cardenal no puede desvelarlo puesto que se trata de un secreto. El verdadero secreto, según dice, es oración y penitencia. Todo lo que circule acerca del tercer secreto es apócrifo.

Un fracaso tal no parece propio del cardenal Ottaviani. ¿Habrá que pensar que el viejo «carabinero», que tras su jubilación al año siguiente continuará hablando alto y fuerte contra las ideas en voga, simplemente se ha sacrificado por su deber de obediencia? Esta conferencia, que se podía haber ahorrado, no aportaba nada y no hacía más que levantar sospechas. Una vez más se imponía la siguiente conclusión: si la Virgen se había contentado con repetir que había que rezar y hacer penitencia, ¿por qué no publicar esta parte del mensaje? Ciertamente, contenía una verdadera revelación, y esta revelación era de tal magnitud que ya había puesto a dos papas en un serio apuro. Lo mismo iba a ocurrir con el tercero.

Juan Pablo II, al igual que sus antecesores, tampoco ha desvelado el misterio del famoso sobre. Mucho se ha hablado sobre la conversación que mantuvo con jóvenes alemanes en Fulda y que ha sido referida de la manera siguiente por un periódico alemán, *Stimme des Glaubens:*

«Vista la gravedad del contenido –dice el papa–, para no alentar al poder mundial del comunismo a realizar ciertas maniobras, mis predecesores en el púlpito de san Pedro han preferido, diplomáticamente, aplazar la publicación. Por otra parte, puede que a todos los cristianos les baste con saber esto: si es que existe un mensaje que diga que los océanos inundarán partes enteras del planeta y que, poco a poco, morirán millones de personas, no sería deseable la publicación de este mensaje secreto. Muchos desean saber movidos sólo por la curiosidad y el interés por lo sensacional, pero olvidan que saber implica responsabilidad. Es peligroso querer satisfacer la curiosidad si se está convencido de que no hay nada que hacer contra la desgracia anunciada».

«A continuación, Juan Pablo II sacó su rosario y dijo: ¡Éste es el remedio contra el mal! Rezad, rezad y no pidáis nada más. Confiad todo a la Madre de Dios. Debemos prepararnos para sufrir, en un tiempo no lejano, grandes pruebas que exigirán de nosotros la disposición a perder incluso la vida, y una entrega total a Cristo y para Cristo. Mediante vuestra oración y la mía, es posible aliviar esta tribulación, pero no es posible apartarla, porque sólo de esta forma la Iglesia puede ser renovada.»

«A lo que añadió: –¡Cuántas veces la renovación de la Iglesia se ha llevado a cabo con sangre! Esta vez también será así. Debemos ser fuertes. Debemos prepararnos, confiarnos a Cristo y a su Santísima Madre, la Virgen María, y ser asiduos de la oración y del rosario.»

Este texto no puede ser garantizado, pero coincide con una declaración hecha por Juan Pablo II en Fátima el 13 de mayo de 1982 y que incluso *La Croix* ha referido: «¿Queréis que os diga un secreto? Es sencillo y en realidad no es un secreto: rezad, rezad mucho, recitando el rosario todos los días». En esta misma ocasión, J.-C. Darrigaud entrevistaba en Antena 2 al obispo auxiliar de Coimbra y le preguntaba lo que opinaba del secreto de Fátima. El prelado respondió riendo: «No tiene ninguna importancia. Interesa especialmente a los periodistas».

Uno de ellos, Vittorio Messori, durante una larga entrevista al cardenal Ratzinger en el verano de 1984, no dejó de plantearle la cuestión de confianza. La entrevista está recogida en el libro que publicaron las Éditions Pauline, traducido al francés bajo el título: *Entretien sur la foi* (Fayard) y al que pertenece el siguiente pasaje:

–Eminencia, ¿habéis leído lo que se conoce como el *tercer secreto de Fátima*?... (la respuesta es inmediata y seca)

–Sí, lo he leído.

–Circulan por el mundo versiones nunca desmentidas que hablan del contenido de este *secreto* como de algo inquietante, apocalíptico, anunciador de terribles sufrimientos. El mismo Juan Pablo II, en su visita pastoral a Alemania, ha parecido confirmar (aunque a través de prudentes perífrasis, en privado y a un grupo de invitados escogidos) el contenido a todas luces poco tranquilizador de este texto. Antes de él, Pablo VI, en su peregrinaje a Fátima, parece haber hecho también alusión a los temas *apocalípticos* del *secreto*. ¿Por qué no se ha decidido nunca a hacerlo público? ¿No será para evitar cálculos aventurados?

–Si hasta el momento no se ha tomado esta decisión –responde el cardenal– no es porque los papas quieran ocultar ninguna cosa terrible.

–Insisto otra vez: ¿hay *alguna cosa terrible* en este manuscrito de sor Lucía?

–Aunque así fuera –replica evitando comprometerse demasiado–, no haría más que confirmar la parte que ya se conoce del mensaje de Fátima. Desde este lugar fue difundida una severa advertencia que va al encuentro de la superficialidad dominante, una llamada a lo importante de la vida, de la historia, a los peligros que amenazan a la humanidad... La conversión (Fátima lo recuerda claramente) es una exigencia perpetua de la vida cristiana. Ya deberíamos saberlo por todo lo que dicen las Escrituras.

–Así, pues, ¿no hay publicación, al menos por el momento?

–El Santo Padre piensa que no aportaría nada nuevo a lo que un cristiano debe saber... Publicar el tercer secreto supondría exponerse al peligro de una utilización sensacionalista del contenido...

Esta breve conversación con un cardenal que es el segundo sucesor de Ottaviani, nos da tres pistas: 1) El contenido del secreto se presta a una utilización sensacionalista. 2) Probablemente hay alguna cosa terrible y apocalíptica en el tercer secreto. 3) No es ésta la razón por la que los papas no desean difundirla.

No es difícil extraer la siguiente conclusión: el secreto, aparte del «posible anuncio de terribles sufrimientos», contiene otro elemento, algo «sensacional» de lo que los periodistas y la opinión pública en general no dejarían de sacar partido.

¿De qué puede tratarse?

CAPÍTULO 18

¿Qué ha pasado en la Iglesia?
«Tan súbitamente como una hoja cae del árbol»
El golpe de Trafalgar
El Diablo, ese ser misterioso,
el enemigo de todos los hombres

Si el cardenal Ottaviani, en el trancurso de la conferencia pronunciada en el Antonianum, insistió tanto –y contra toda evidencia– en el hecho de que el mensaje transmitido por Lucía estaba destinado al papa, ¿no será porque el secreto concernía al propio papa? Planteemos la cuestión de la forma siguiente: el secreto no estaba destinado a él en particular, sin embargo ¡era de él de quien hablaba la Virgen!

En otras palabras, se referiría no a los acontecimientos mundiales, o al menos no sólo a ellos, sino a algo que pasaría en la Iglesia y sobre lo que la pequeña cuartilla escolar que reposaba en un cofre del Santo Oficio proyectaría una molesta luz.

Pero, ¿qué es lo que ha sucedido en la Iglesia y cuándo ha sido?

Si consideramos de nuevo los hechos, observaremos que el primero en leer el secreto es el papa Juan XXIII; las misteriosas palabras pronunciadas por su secretario parecen indicar que, según él, no se refería de un modo concreto a su pontificado y que probablemente afectaba al de su sucesor.

129

¿Cuál es el acontecimiento que se produjo en ese tiempo? ¿No se trataría del concilio? El cardenal Oddi, respondiendo en 1990 a unas preguntas del diario italiano mensual *Trenta Giorni*, dirá: «En mi opinión, las profecías de Fátima (el cardenal desea claramente hablar del tercer secreto) no tratan de la conversión de Rusia, pues si así fuese, Juan XXIII lo habría anunciado a los cuatro vientos. A mi juicio, el secreto de Fátima esconde una triste profecía para la Iglesia. Por esta razón, Juan XXIII no lo divulgó. Pablo VI y Juan Pablo II han seguido sus mismos pasos. Creo que las profecías indicaban más o menos que en 1960 el papa convocaría un concilio y que, contra todo pronóstico, este concilio crearía, indirectamente, muchas dificultades a la Iglesia».

Oddi, antiguo prefecto de la Congregación para el clero, no dice haber leído el secreto. Como hemos visto, las personas que supuestamente lo han leído no revelan nada cuando se les pregunta acerca de él. Al no estar sometido al deber de reserva, Oddi puede hacer sus deducciones libremente a la luz de lo que ha observado desde el elevado puesto en que está situado. Y las fechas se corresponden:

– El 28 de octubre de 1958, Juan XXIII es elegido para el trono pontificio.

– El 25 de enero de 1959 anuncia la idea de un concilio que le ha venido, dice, «tan súbitamente como una hoja cae del árbol».

– En agosto de 1959 rompe el sello del sobre pero no puede creer que la profecía ponga en duda el principio mismo de su concilio. Si se trata de consecuencias desastrosas, piensa que no es su problema y prefiere dejarlo para su sucesor. Tiene 78 años. En cuanto al concilio, tal y como lo concibe, ¿cómo podría imaginar que no es algo bueno y útil? Las comisiones preparatorias que se dispone a nombrar elaborarán esquemas conformes a la tradición de la Iglesia. Juan XXIII no prevé el golpe de Trafalgar, que estallará el 13 de octubre de 1962 bajo la acción conjunta de cuatro cardenales, lo que complicará el asunto, provocará la estupefacción entre los obispos reunidos y desencadenará lo que el padre Congar llamará «una revolución de Octubre en la Iglesia».

En lo que concierne a su propia persona, Juan XXIII resulta un excelente adivino: morirá el 3 de junio de 1963, tras la primera sesión de un concilio que tendrá cuatro, y la «triste profecía» recaerá sobre las espaldas de su sucesor. Es curioso comprobar que Pío XII había podido hacer el mismo cálculo. Sabiendo, al recibir el sobre, que Lucía había dicho: «En 1960 estará más claro», pospone la decisión de deslacrar el sobre, ya que aún tiene por delante tres años. ¿Ha pensado también en su posible final, que efectivamente se producirá un año más tarde, en 1958? Así, todo transcurre como si los papas dejasen, uno tras otro, para su sucesor la delicada tarea de encargarse de este embarazoso informe.

¿Nos encontramos en el buen camino al interpretar así lo que no han dicho aquellos que han secuestrado el mensaje de la Virgen? Vamos a dar las razones y los indicios, sin dejar de mencionar que esta misma idea la han tenido personas que no carecen de sentido común. El obispo actual de Fátima, monseñor do Amaral, basándose en un serio estudio que él mismo llevó a cabo, decía en 1984:

«El secreto de Fátima no habla de bombas atómicas ni de cabezas nucleares ni de misiles Pershing o SS-20. Su contenido sólo concierne a nuestra fe. Identificar el secreto con anuncios catastrofistas o con un holocausto nuclear es deformar el sentido del mensaje. La pérdida de la fe de un continente es peor que la destrucción de una nación; y es cierto que la fe experimenta un constante descenso en Europa».

Cuando se menciona que las apariciones de 1917 han sido reconocidas por la Iglesia, se hace referencia a la encuesta canónica y a la solemne proclamación en 1930 por el obispo del lugar, monseñor da Silva. Si uno de sus sucesores sugiere el sentido que debe de tener el tercer secreto, ¿no es también la Iglesia la que habla? Monseñor do Amaral no expresa su opinión en forma de hipótesis, sino que lo enuncia en un tono afirmativo.

El padre Alonso, al que ya hemos citado anteriormente, es uno de los mejores conocedores del tema. Nombrado experto oficial de Fátima en 1966, se consagró a este tema hasta su muerte, el 12 de diciembre de 1981. El resultado de sus trabajos se materializa en un amplio estudio crítico de catorce volúmenes cuya publicación no fue autorizada mientras vivía y cuyo primer tomo acaba de aparecer; sin embargo, disponemos de numerosos artículos suyos en revistas especializadas, folletos y libros. El hermano Michel de la Santa Trinidad cita este extracto de su último artículo «redactado unas semanas antes de su muerte»:

«Una revelación intempestiva del texto no habría hecho más que exasperar a las dos tendencias que continúan dividiendo a la Iglesia: un tradicionalismo que se creería asistido por las profecías de Fátima, y un progresismo que habría rugido contras estas apariciones que, de una forma tan escandalosa, daban la impresión de frenar la marcha hacia delante de la Iglesia conciliar... El papa Pablo VI juzgó oportuno y prudente posponer la revelación del texto a tiempos mejores. El papa Juan XXIII declaró que el texto no se refería a su pontificado... Y los papas siguientes han considerado que aún no ha llegado el momento de desvelar el misterio, en circunstancias en las que la Iglesia aún no ha superado el gran impacto de los veinte años posconciliares, durante los cuales la crisis de la fe se ha instalado en todos los niveles».

Para el padre Alonso, el contenido del secreto no ofrece ninguna duda. Su reflexión señala tres cuestiones fundamentales: 1) Atañe al Concilio Vaticano II. 2) Anuncia que este Concilio tendrá un «terrible impacto» en los veinte años que le seguirán (el P. Alonso sólo puede hablar de éstos en el momento en que escribe). 3) El resultado del Concilio es una «crisis de la fe».

Todo se clarifica a partir de aquí: la «inclusión en el índice» del secreto, los falsos argumentos, las actitudes embarazosas, la extravagante prestación del cardenal Ottaviani, la invariable consigna: rezad y callad, las novelescas peripecias del sobre sellado, las maniobras del Santo Oficio para hacerse con él. En pocas líneas, Alonso ha descubierto lo que está en juego: para nadie constituye un misterio que el concilio es discutido desde el mismo seno de la Iglesia. Y no sólo por lo que el autor llama «el tradicionalismo», es decir, esa franja determinada de católicos que lo combaten y que en su mayoría se sienten partidarios de monseñor Lefebvre. Sus «frutos amargos» son reconocidos desde hace tiempo por numerosas personalidades eclesiásticas que no se consideran seguidores del movimiento tradicionalista.

Ya en 1980, recogemos algunas opiniones, como la de monseñor da Silva, entonces arzobispo de Braga (homónimo del antiguo obispo de Fátima), que decía: «Desde hace diez años, se han realizado experiencias en la Iglesia y estas experiencias han fracasado. La Iglesia debe regresar a los tiempos anteriores al concilio: el Concilio Vaticano II ha sembrado vientos y ha recogido tempestades». El cardenal Ratzinger, aún arzobispo de Munich, observaba por su parte: «Nadie puede negar que los diez últimos años han sido perjudiciales para la Iglesia católica. En lugar de la anunciada renovación, nos han traído un proceso de decadencia que, iniciado en gran parte bajo el signo del concilio, no ha hecho otra cosa que desacreditar al concilio mismo. Podemos, pues, afirmar que no habrá renovación en la Iglesia en tanto que no exista un cambio de rumbo y se abandonen los caminos equivocados tomados tras el Concilio».

En 1972, sin embargo, Pablo VI había manifestado una opinión similar cuando en el transcurso de una misa pontificia en San Pedro exclamaba: «Pensábamos que el día siguiente al Concilio sería un día de sol para la historia de la Iglesia; no obstante, hemos encontrado nuevas tempestades. Tratamos de abrir nuevos abismos en lugar de cerrarlos. ¿Qué es lo que ha pasado? Éste es nuestro pensamiento: se trata de una fuerza adversa, el Diablo, ese ser misterioso, el enemigo de todos los hombres, ese algo sobrenatural que ha venido a estropear y desecar los frutos del concilio ecuménico».

Numerosas voces, entre los laicos, se han levantado para denunciar esta situación, desde Julien Green, quien se preguntaba si había hecho bien convirtiéndose al catolicismo, hasta un médico africano que en julio de 1983 explicaba en el France-Inter: «El concilio ha desorganizado la vida religiosa, ha destruido el espíritu misionero, ha desamparado a los católicos con sus innovaciones, lo ha llenado todo de confusión».

La postura firme de los papas y de los eclesiásticos que han lamentado estas consecuencias ha consistido siempre en acusar no al Concilio mismo, sino a la forma errónea en que ha sido interpretado. Ratzinger, en el transcurso de la ya mencionada entrevista concedida a Vittorio Messori, se expresa en este sentido: «Los resultados del Concilio parecen oponerse cruelmente a las previsiones de todos, empezando por las de Juan XXIII y por las de

Pablo VI. Los cristianos son de nuevo una minoría, más de lo que nunca lo han sido desde el final de la Antigüedad... [Pero] en sus expresiones oficiales, en sus documentos auténticos, el Concilio Vaticano II no puede ser considerado como responsable de esta evolución que, por el contrario, contradice radicalmente tanto la letra como el espíritu de los padres conciliares... Estoy convencido de que los desgastes que hemos sufrido en estos veinte años no se deben al *verdadero* concilio...».

Ésta es también la opinión de Louis Salleron, considerado de tendencia tradicionalista: «Se puede decir que prácticamente todo lo que se ha hecho en la Iglesia de Francia desde hace quince años en materia de reformas (misa, liturgia en general, sacramentos, catecismo, etc.) viola expresamente la letra y el espíritu de los textos conciliares».

El tema del «concilio traicionado» contará con la aprobación de los intelectuales que deploran la crisis actual pero que no quieren que parezca que critican el funcionamiento de las instituciones. André Piettre escribía en *Le Figaro:* «Ha llegado la hora –en Francia, como en otras partes– de secundar los esfuerzos del papa para volver a un Vaticano II auténtico y poner fin a las traiciones cometidas en su nombre por una «intelligentsia» sacerdotal instalada a menudo en los puestos clave».

Sin embargo, resulta difícil pensar en una simple coincidencia entre el Concilio y la desbandada que a continuación le siguió, como cuando se anuncia en el colegio la hora del recreo. ¿Por qué, de regreso a sus diócesis, los padres conciliares comenzaron a elegir una corbata, mientras cuarenta mil sacerdotes en todo el mundo colgaban el hábito y se apresuraban a contraer matrimonio? ¿Por qué se despojó a las iglesias de su mobiliario y sus estatuas, haciéndolas parecer templos luteranos? ¿Por qué se reemplazó el órgano y el armonio por la guitarra, los vasos sagrados por recipientes de loza, y se permitió que el guarda rural leyese el Evangelio en vez del sacerdote? ¿Por qué caían bruscamente las vocaciones sacerdotales y por qué los obispos juzgaban oportuno cerrar sus seminarios cuando todavía eran frecuentados? Y, sobre todo, ¿por qué la mitad de los fieles abandonaba en masa la práctica religiosa?

Ratzinger atribuirá estos desórdenes «al desencadenamiento en el interior de la Iglesia de fuerzas latentes agresivas y centrífugas, y en el exterior, al impacto de una revolución cultural en Occidente: la afirmación de una clase media superior, la nueva «burguesía del terciario» con su ideología liberal-radical de tipo individualista, racionalista, hedonista». Puede ser, pero es evidente que es el concilio el que ha liberado estas fuerzas latentes, cuando su función debería haber sido, cuando menos, el refrenarlas. Si no ha hecho más que avivar la «revolución cultural», hay que pensar que llevaba en sí mismo el viento que desencadena las tempestades. ¿No había dicho el cardenal, cuando aún estaba en Munich, que este «proceso de decadencia» había «comenzado en gran parte bajo el signo del concilio»?

Si el secreto de Fátima no hablase más que de estos desórdenes, que hoy son conocidos en todo el mundo, no habría ningún obstáculo para publicarlo. Por cl contrario, ayudaría al cardenal Ratzinger y al papa a «cambiar el rumbo y abandonar los caminos equivocados que se han tomado».

Un razonamiento lógico, basado en los testimonios que hemos reproducido anteriormente, conduce a pensar que el secreto habla del Concilio mismo como el principio de la crisis que sacude a la Iglesia.

A partir de ahí, se comprende por qué los papas no quieren (y en cierta medida no pueden) darlo a conocer.

Para Juan XXIII habría supuesto abandonar la idea, de la que tan orgulloso se sentía, de convocar un concilio. Para sus sucesores, equivaldría a desautorizarle. Por ello, no hay una homilía, una encíclica, una proclamación, un mensaje ni un discurso que no se refiera, de una forma u otra y a veces en exceso, al Vaticano II. El «Catecismo católico» aparecido en 1992 reproduce pasajes extensos. Un gran número de obispos y sacerdotes consideran la historia de la Iglesia dividida en dos partes: 1) Desde Jesucristo hasta el Concilio, 2) Después del Concilio. La expresión de «Iglesia conciliar», emitida por el cardenal Benelli, es de uso común, como si se tratase de una nueva Iglesia fundada por los padres conciliares entre 1962 y 1965.

A esto se añade la presión de los progresistas, que vigilan cada palabra y cada acto del Santo Padre para comprobar si respeta el Concilio, si va más allá o si retrocede. La menor sospecha de «vuelta atrás», de «restauración», les escandaliza. Apenas terminado el Vaticano II, ya reclamaban un Vaticano III que liberaría totalmente la conciencia cristiana, suprimiría la hegemonía doctrinal del papa y de la «institución», autorizaría la contracepción, el aborto, el matrimonio de los sacerdotes y el sacerdocio de mujeres; no obligaría a nada, permitiría el abrazo entre las religiones e instauraría relaciones de sana igualdad entre los hombres y Dios.

Imaginemos por un momento que se abriese el pequeño sobre de Lucía y el Concilio fuese puesto en duda. ¡Qué deflagración para la Iglesia! ¡Qué agitación en el mundo, con el que la corriente conciliar se halla tan ligada, ya que su principal idea motriz es precisamente «la apertura al mundo»! ¡Qué dilema: escuchar la voz de Nuestra Señora de Fátima y volver sobre ciertas declaraciones conciliares, o continuar como antes y decidir abiertamente que no se tendrá en cuenta su mensaje!

CAPÍTULO 19

El silencio de los papas
El secreto de Neues Europa
Un error cronológico
Lo que está podrido caerá

Para la naturaleza humana, que siente pavor ante el vacío, el silencio de los papas sólo podía tener el efecto de animar a ciertas mentes atrevidas a reconstruir ellas mismas la parte que faltaba del mensaje de Fátima. Desde hace treinta años circula un texto que muchas personas creen auténtico cuando en realidad parece ser poco fiable. El asunto partió de un periódico de Stuttgart, *Neues Europa,* que el 1 de octubre de 1963 se adelantaba con una exclusiva al publicar un «extracto del tercer mensaje de Fátima». El periodista, Louis Emrich, prevenía honestamente de que no lo había hallado en la caja fuerte del Santo Oficio. Según decía, era la parte del secreto que el papa (Pablo VI) había juzgado útil comunicar a tres grandes de este mundo: el presidente Kennedy, el primer ministro Mac Millan y Nikita Kruschov. La noticia se acompañaba de diversas precisiones destinadas a darle brillantez:

«Este texto ha jugado un gran papel durante la firma del acuerdo anglo-americano-ruso de Moscú (pacto del 5 de agosto de 1963, que prohibía los experimentos nucleares; Francia y China no participaban en él. NDLA). Los dirigentes de los dos bloques de la política mundial estaban, tanto unos como otros, trastornados por su contenido, al igual que los papas Pío XII, Juan XXIII y Pablo VI. Según los ecos procedentes de los medios diplomáticos, la conclusión del acuerdo en que se prohibía cualquier prueba atómica posterior fue en gran parte la consecuencia de la profunda impresión que produjo el extracto del tercer mensaje de Fátima en los medios diplomáticos competentes de Washington, Londres y Moscú».

Emrich no mostraba preocupación por saber si Pío XII había leído el secreto y no ofrecía grandes precisiones sobre estos «medios diplomáticos» testigos de la escena. He aquí el texto del que se pudo procurar una copia y que, por nuestra parte, hemos encontrado en numerosos ejemplares impresos. Se conocen varias versiones que sólo se diferencian en pequeños detalles.

«No temas nada, pequeña. Es la Madre de Dios quien te habla y te pide que hagas público al mundo entero el presente mensaje. Cuando lo hagas así, te encontrarás con una fuerte resistencia. Escucha bien y presta atención a lo que te digo.

»Los hombres deben corregirse. Con humildes súplicas, deben pedir perdón por los pecados cometidos y por aquellos que podrían cometer. Deseas que te dé una señal para que todos acepten las palabras que a través de ti dirijo a todo el género humano. Este milagro, acabas de verlo, es el Prodigio del Sol, y todos, creyentes, no creyentes, campesinos, ciudadanos, periodistas, laicos, sacerdotes; todos lo han visto. Y ahora, proclama en Mi Nombre: ...».

Se observa en este apartado inicial una prolijidad que en nada recuerda al estilo de la primera parte del mensaje. Pero también hay un error cronológico: la Virgen habló a los niños antes del milagro solar y no después. Por otro lado, hemos visto que en ningún momento ordena a Lucía, y mucho menos sobre la marcha («ahora, proclama en Mi Nombre»), que divulgue lo que le decía; por el contrario, había ordenado a los niños: «Esto, no se lo digáis a nadie», y son de dominio público las reticencias de Lucía cuando el obispo le pidió que lo pusiera por escrito.

El texto continúa así: «Un gran castigo se abatirá sobre toda la especie humana en la segunda mitad del siglo veinte. Ya se lo revelé a los niños de La Salette, Mélanie y Maximin, y hoy te lo repito, porque la humanidad ha pecado y pisoteado el don que yo le había dado. No existe orden en ninguna parte del mundo y Satán reina sobre los más altos cargos, dirigiendo el curso de los acontecimientos. Sabrá incluso introducirse los más altos cargos de la Iglesia. Conseguirá seducir el alma de los grandes inventores de armas, que permitirán destruir en unos minutos la mayor parte de la humanidad. Tendrá en su poder las fuerzas que gobiernan los pueblos y los incitará a fabricar ingentes cantidades de armas.

»Y si la humanidad no se opone a ello, me veré forzada a dejar libre el brazo de mi Hijo. Entonces, verás que Dios castigará a los hombres con más severidad aún que en los tiempos del Diluvio...».

Para el padre Alonso, esta referencia a Mélanie y Maximin no era casual; el pasaje le parecía «un plagio desafortunado del secreto de La Salette». En este párrafo, la Virgen también se muestra muy locuaz.

«Si la humanidad no se convierte, será el final de los tiempos; y si todo permanece como hasta ahora o se agrava todavía más, los grandes y los poderosos perecerán con los pequeños y los débiles.

»El tiempo de las grandes pruebas llegará también para la Iglesia. Los cardenales se opondrán a los cardenales, y los obispos se opondrán a los obispos. Satán caminará entre sus filas y se producirá un gran número de transformaciones en Roma. Lo que está podrido caerá, y lo que caiga ya no se levantará. La Iglesia se verá confundida y el mundo asolado por el terror. Llegará el día en que ningún rey, emperador, cardenal u obispo espere la llegada de Aquel que, sin embargo, llegará, pero para castigar según los designios de mi Padre.

»Se desencadenará una gran guerra en la segunda mitad del siglo veinte. Humo y fuego caerán del cielo, las aguas de los océanos se convertirán en vapor y la espuma se elevará para devastarlo y engullirlo todo. Millones y millones de personas morirán cada hora, y los que queden con vida envidiarán a los muertos. Por donde quiera que se dirija la mirada, sólo habrá angustia, miseria y ruinas en todos los países. ¿Ves? El tiempo se aproxima cada vez más y el abismo se agranda sin ninguna esperanza.

»Los buenos perecerán junto a los malos, los grandes con los pequeños, los príncipes de la Iglesia morirán con sus fieles y los soberanos, con sus pueblos. La muerte se extenderá por todas partes a causa de los errores cometidos por los insensatos y los partidarios de Satán que, entonces y solamente entonces, reinará sobre el mundo; en último término, los que hayan sobrevivido a estos acontecimientos proclamarán de nuevo la gloria de Dios y le servirán como en los tiempos en que el mundo no estaba tan corrompido.

»Vete, hija mía, y proclámalo. Yo siempre estaré a tu lado para ayudarte».

Uno de los detalles que saltan a la vista es la longitud de este texto, dado como un extracto del tercer secreto, cuando monseñor Venancio había visto al trasluz que en el sobre sólo había una hoja de papel, cuyas dimensiones indica. Pero el hermano Michel de la Santa Trinidad añade a esto una juiciosa observación: el mensaje completo ya lo tenemos, a excepción del pasaje omitido por Lucía en sus Memorias. Este pasaje debía insertarse armoniosamente en el conjunto. Recordemos lo que precede y lo que sigue al «blanco» en las Memorias:

«Portugal conservará el dogma de la fe, etc...»

«Pero, finalmente, mi Corazón Inmaculado triunfará. El Santo Padre me consagrará Rusia, que se convertirá, y le será concedido al mundo un tiempo de paz».

Lo cierto es que resulta imposible intercalar el texto en cuestión entre estos dos pasajes.

Generalmente, se alega que el secreto revelado por *Neues Europa* nunca ha sido desmentido, lo que equivaldría a un certificado de autenticidad. Pero, del mismo modo, ¡cuántas informaciones falsas circulan por el mundo sin haber sido nunca desmentidas! Sabemos que el Vaticano suele ser bastante parco en comunicados rectificativos y el obispo de Fátima pareció desmentirlo en 1981: «He tenido conocimiento –dice– de textos del secreto que han sido presentados como auténticos. Los he leído atentamente y, a pesar de estar convencido de que se trataba de pura especulación, me he puesto en contacto con la vidente Lucía, quien me ha confirmado que todo era una invención y no tenía nada que ver con el contenido del mensaje».

El principal inconveniente de estas invenciones es que desvían el espíritu de los razonamientos lógicos basados en los datos históricos y en los seis mil documentos que constituyen el voluminoso dossier de Fátima. El texto citado anteriormente no hace ninguna mención al Concilio, del que estos razonamientos inducen a pensar que constituye el nudo de la cuestión. La comunicación de este «secreto» a los dirigentes de las grandes potencias no concuerda con el estilo de la diplomacia vaticana de los tiempos de Montini; por el contrario, la palabra «concilio» en el auténtico tercer secreto no podía ser más que un cincel tan potente como el de «Rusia» en el segundo. Probablemente sea aquí donde haya que buscar la razón de su publicación.

CAPÍTULO 20

El concilio frustrado
Un sacerdote de la vieja escuela
El cuadro delator – La cita de Metz

Ya se ha olvidado el revuelo levantado en el mundo tras el Concilio Vaticano II. Los periódicos de la época dan fe de lo que fue este acontecimiento, en un período en que no faltaban noticias. Los agnósticos se interesaban por él tanto como los fieles de las distintas religiones; los gobiernos se mostraban atentos, la URSS tenía observadores y espías en Roma, los países orientales seguían de cerca el desarrollo de los debates. Indiscutiblemente, lo que hace la Iglesia no deja indiferente a nadie. A título menor, se ha visto después el interés que ha manifestado la prensa por el *Catecismo de la Iglesia católica*, publicado en el otoño de 1992 y convertido en dos meses, en parte gracias a ella, en un best-seller.

El concilio habría podido tener lugar diez años antes, tras la sacudida de la guerra. Pío XII, en 1948, constituyó una comisión preparatoria y, cuando ésta hubo rendido cuenta de sus trabajos, una comisión central, que envió una circular a cierto número de obispos para pedir su opinión secreta. Esta carta fue publicada mucho después por *La Documentation catholique*, y en ella se demuestra el espíritu en el que el papa proyectaba el Concilio:

«El cúmulo de peligrosas equivocaciones, así como los graves peligros que amenazan a la Iglesia y a la sociedad, que condujeron a convocar el solemne Concilio Vaticano hace ochenta años, lejos de apartarse y disminuir, parecen, por el contrario, agravarse».

Haciendo un poco de historia, descubrimos que el Concilio Vaticano I había sido interrumpido por la guerra de 1870; la intención de Pío XII era retomar los trabajos inacabados. La circular explicaba: «Entre las cuestiones de fe y de conducta que habían sido preparadas para el Concilio Vaticano, las que llegaron a ser definidas fueron poco numerosas, aunque serias. Muchas, sin embargo, fueron aplazadas. Entre estas últimas, algunas están superadas. De otras, la Santa Sede se ha ocupado mediante decretos, pero aún las hay que esperan solución. A éstas se añaden cuestiones nuevas y muy graves que surgen hoy por doquier para enfrentarse con Cristo, con Su doctrina y con Su Iglesia».

Entre estas nuevas cuestiones figuraba el comunismo, aparecido en ese intervalo de tiempo y que se correspondía plenamente con esta definición. Se había preguntado a los obispos, «bajo el estricto secreto del Santo Oficio», decir «en frases bien claras» lo que ellos juzgaban «particularmente digno de ser en la actualidad sometido al examen del futuro Concilio y, llegado el caso, ser definido por él, entre las cuestiones doctrinales o prácticas, morales, jurídicas o sociales, las concernientes a la disciplina del clero y del pueblo cristiano, o la extensión del reino de Dios por las misiones».

Si el Concilio hubiese tenido lugar diez años antes, según lo que se puede deducirse habría tomado un giro muy distinto. Hasta entonces, un concilio procedía por definiciones y desaprobaciones. Cada error era identificado, analizado y presentado en términos claros, de forma que se pudiese reconocer bajo sus diferentes transformaciones. El concilio arrojaba el anatema contra quien profesaba este error. Así es como se han ido extirpando las herejías, a lo largo de los siglos, y como se ha ido depurando el dogma cristiano, liberándolo de toda corrupción.

Ciertamente, un concilio celebrado hacia 1952 habría condenado el neomodernismo (lo que ya había hecho Pío XII en su encíclica *Humani Generis)* y el comunismo. Habría comprometido su infalibilidad, ya que no se habría oído hablar hasta entonces de un concilio ecuménico que hubiese procedido de otro modo. Sabemos que una definición dogmática hecha bajo el signo de la infalibilidad por un papa o un concilio ecuménico es irreformable para siempre.

Era un riesgo que no querían correr los liberales, muy activos en el seno de la Iglesia, y que hicieron todo lo que pudieron para que el proyecto fracasase y Pío XII renunciase a su empresa.

Para comprender el nexo entre este concilio frustrado y el que se desarrollará bajo Juan XXIII y Pablo VI, conviene recordar la definición de modernismo citada en otro capítulo: «Tendencia a poner la teología, la exégesis, la doctrina social y el gobierno de la Iglesia en concordancia con los datos de la crítica histórica y la filosofía modernas, y con lo que se cree que son las necesidades de la época en que se vive».

Como esto era, precisamente, lo que pretendían hacer los liberales, les interesaba evitar a toda costa una condena que hubiese echado sus proyectos por tierra para siempre. Todavía no estaban preparados para soportar el impacto de un concilio; la personalidad del papa Pío XII no les auguraba nada bueno y preferían esperar otro papa que fuese más accesible a las innovaciones.

¿Respondía Juan XXIII a esta definición? En cierta medida sí. El antiguo patriarca de Venecia era, bajo muchos aspectos, un sacerdote de la vieja escuela, que había hecho introducir en su despacho, en la ciudad de los dux, los muebles de su predecesor Pío X, había llamado al orden a los demócratas cristianos deseosos de independizarse de la jerarquía y había denunciado el error de los cristianos que colaboraban con los comunistas, incluso sobre un terreno limitado a la acción social. Se acercaba a los ochenta años cuando fue elegido para el trono pontificio y no mostraba señales de cambiar radicalmente de actitud. Sin embargo, fue el primer papa que exaltó en una encíclica *(Pacem in Terris)* los derechos del hombre y el primero en confiar la secretaría para la Unidad, fundada bajo sus auspicios, a dos acérrimos innovadores: el cardenal Bea y monseñor Willebrands, que llevarán el ecumenismo hacia una torre de Babel de las religiones. Finalmente, quedará en la Historia como «el papa de la apertura al mundo».

Juan XXIII podía, por tanto, encargarse del asunto, pero había que arrimar el hombro si se querían echar abajo las costumbres, y éste fue el abuso de autoridad del 13 de octubre de 1962 que vamos a relatar más extensamente.

Según el método de trabajo ordinario, el papa nombró comisiones preparatorias que trabajaron durante dos años; de esta manera se recuperó a gran escala lo que había sido hecho en tiempos de Pío XII, mejorándolo y actualizándolo. Para él, el Concilio debía consistir en desempolvar a la Iglesia, en operar un *aggiornamento*, y pensaba que duraría varios meses.

Cuando se inicia el Concilio, Juan XXIII es transportado sobre la *sedia gestatoria* detrás del largo cortejo de obispos tocados con mitras blancas que suben lentamente los escalones de la basílica de San Pedro para tomar sitio sobre las gradas levantadas a uno y otro lado de la nave. Los capellanes secretos transportan sobre un cojín la tiara que se ceñirá dentro de poco según la costumbre. El ceremonial, el decorado, todo indica que aún estamos ante lo que más tarde se llamará «la Iglesia preconciliar». El tiempo de una misa, misa pontificia, celebrada por Juan XXIII según el rito milenario, unos minutos más para empezar el orden del día, y estaremos en «la Iglesia conciliar», tan ansiada por los liberales.

¿Qué es lo que ocurrió? Aparentemente no mucho, en realidad, una revolución. El secretario general, monseñor Felici, hizo distribuir la lista de los nombres que figuraban en las comisiones preparatorias: su finalidad era ayudar a los sacerdotes a escoger a aquellos que figurarían en las comisiones definitivas. Asimismo, reciben la lista de los 2.400 obispos y superiores generales de las grandes órdenes presentes, con el fin de inscribir en una papeleta de voto a los candidatos e incluso, si lo desean, inscribirse ellos mismos. En resumen, un trabajo administrativo de rutina si se tiene la firme convicción de que es el Espíritu Santo quien dirige realmente el juego en un concilio, y no la suma de las opiniones particulares, como se produce o debería producirse en un Parlamento.

Pero mientras se procede a este reparto de documentos, el cardenal Frings, arzobispo de Colonia, esgrime los papeles que acaba de recibir como para dar la señal y, antes de que Felici haya terminado de dar las indicaciones requeridas, uno de los más ancianos se levanta para pedir la palabra.

Para lo que tiene que decir, no necesita de muchas palabras. El cardenal Liénart, obispo de Lille –pues de él se trata– lee una nota en la que se argumenta que los allí reunidos no pueden hacerse, tan rápidamente, una idea de los méritos de los candidatos, por lo que pide un aplazamiento de varios días. Tras dos o tres segundos de sorpresa, comienzan a oírse aplausos en algunos asientos y después se extienden a toda la asamblea. La dinámica de grupo ha funcionado bien. El aplazamiento solicitado hace que se rechacen los comisarios, cuya elección había sido hecha por el papa, y que se tiren a la papelera los «esquemas» que éstos habían preparado. Ésa era la intención de los cuatro cardenales (Frings, Tisserant, Liénart y Alfrink) cabezas del movimiento liberal.

La prensa internacional no se equivocó sobre el sentido de este incidente. Los titulares del día siguiente lo expresaban elocuentemente: «Los obispos franceses en rebelión en el concilio», «La rebelión de los obispos», «El ala innovadora impone una lista internacional...».

En realidad, ¿había existido una conspiración? Tisserant lo negó durante muchos años, e incluso escribió un artículo en *Le Figaro*, en 1978, en el que explicaba que todo había sido fortuito: cuando entraba en la basílica, el cardenal Lefebvre, obispo de Bourges, le había deslizado un papel en la mano y le había pedido que lo leyese en la sesión, ya que formaba parte de los doce vicepresidentes. Para hacerle un favor, Tisserant cumplió la orden; esto no es del todo así, ya que había visto la señal de Frings.

Más tarde, en 1979, aparece publicado un libro de Jean Guitton bajo el título *Paul VI secret*, donde se puede leer: «Visita al día siguiente (2 de noviembre de 1970) al cardenal Tisserant... Me muestra un cuadro, hecho por su sobrina a partir de una fotografía, que representa una reunión de cardenales antes del concilio. En él se ven seis o siete *porporati* alrededor del presidente, que es Tisserant: «Este cuadro es histórico, o más bien simbólico. Representa la reunión que tuvimos antes de la apertura del Concilio, y en la que decidimos bloquear la primera sesión y rechazar las reglas tiránicas establecidas por Juan XXIII».

Esta reunión no fue la única, si se tiene en cuenta la que tuvo como escenario una pequeña localidad de los alrededores de Metz en agosto de 1962. Se sabe todo acerca de la entrevista que allí mantuvo el cardenal Tisserant, enviado por Juan XXIII, y el metropolitano ortodoxo de Leningrado Nicodemo (el que habría de morir en septiembre de 1978 en brazos de Juan Pablo I). El asunto fue revelado por el obispo de Metz en estos términos: «Porque el sistema socialista mundial manifiesta de una forma indiscutible su superioridad y se vale de la aprobación de cientos y cientos de millones de personas, la Iglesia no puede contentarse con un vulgar anticomunismo. Incluso se ha comprometido, con motivo de su diálogo con la Iglesia ortodoxa rusa, a que en el concilio no haya ningún ataque directo contra el régimen comunista». En cambio, los ortodoxos podrían enviar observadores al concilio. Y efectivamente acudieron, acompañados cada uno, por motivos de seguridad, por un sacerdote designado por el gobierno soviético. Un agente titular de este gobierno reunía a todos bajo su mando (los padres conciliares le llamaban «el Sputnik») y un periódico checoslovaco escribiría en 1965: «El comunismo ha logrado infiltrarse en todas las comisiones conciliares».

Se estaba muy lejos del mensaje de Fátima: «Rusia propagará sus errores por el mundo...». El pacto fue respetado más allá de toda medida: el comunismo no fue mencionado en todo lo que duró el concilio, a pesar de la petición firmada por 450 obispos pertenecientes a 86 países y que, de hecho, fue olvidada por azar en un cajón. La Constitución pastoral *Gaudium et Spes* se expresaba de la forma más neutra posible:

«Se rechazan, por el contrario, todas las formas políticas, tal y como existen en algunas regiones, que constituyen un obstáculo para la libertad civil y religiosa, multiplicando las víctimas de las pasiones y crímenes políticos y que desvían, en beneficio de alguna facción o de los propios gobernantes, la acción de la autoridad, en lugar de ponerla al servicio del bien común».

De este modo, la Iglesia aceptaba la rendición. Si creemos al obispo de Metz, con el pretexto de que estos errores eran aceptados por tantos millones de personas, dejaba de combatirlos. Lo que se sabe de los compromisos de los dignatarios ortodoxos rusos con el régimen bolchevique, sobre todo desde 1989, hace más extraña aún la engañifa de conceder a la URSS el envío de observadores al concilio. Pero resulta inevitable pensar que era un trato odioso, puesto que gran cantidad de sacerdotes católicos y ortodoxos eran perseguidos tras el telón de acero.

El cariz que tomó este concilio puede parecer un desafío a la Virgen si pensamos en esta sorprendente coincidencia de fechas: el día de la primera sesión en que se produce el abuso de fuerza de Tisserant y de sus aliados era un 13 de octubre, aniversario del milagro solar de Fátima.

CAPÍTULO 21

Medio giro a la izquierda
Dios no necesita del Concilio
Introducción de la problemática – La Nueva Era

El Concilio Vaticano II fue el vigésimo primer concilio ecuménico de la Iglesia desde el de Nicea en el año 325. Pero mientras que los veinte primeros han confiado siglo tras siglo en el dogma de la fe, a cualquier observador atento le da la impresión de que éste ha dado un giro total a las relaciones entre el hombre y Dios. Tampoco escapa este hecho a un observador superficial que entre en una iglesia durante la misa. No hace mucho, durante este acto, sacerdote y feligreses miraban todos en la misma dirección: hacia oriente, donde había nacido el Mesías, hacia el sagrario donde está asegurada su presencia permanente en las especies sacramentales. Hoy, los asistentes se disponen en círculo alrededor de una mesa donde se supone que se consume «el banquete del Señor». El sagrario queda relegado a un lateral. Ya no es Dios quien ocupa el centro, sino el hombre.

Vigésimo primer concilio, veintiún años; a principios de los años sesenta, la mayoría de edad aún no se ha fijado en los dieciocho. El hombre declarado adulto adora a su Dios de pie, recibe la comunión en la mano y la ingiere despreocupadamente antes de volver a ocupar su asiento. La Constitución «La Iglesia en el mundo de este tiempo» empieza con estas palabras:

«Creyentes y no creyentes están generalmente de acuerdo en este punto: todo sobre la Tierra debe estar dispuesto en torno al hombre, siendo éste su centro y su vértice».

La Iglesia enseñaba hasta entonces que todo debe estar ordenado en torno a Dios. Ciertamente, Pablo VI pronunció palabras bien distintas: «Nuestro Señor Jesucristo, el Verbo encarnado, el Hijo del Hombre, el Hijo de Dios y el Redentor del mundo, es decir, la esperanza de la humanidad y su único Dueño soberano,... Rey por venir por los siglos de los siglos», pero el mismo papa decía en su discurso de clausura: «Reconocedle al menos este mérito [al Concilio], vosotros humanistas modernos que renunciáis a la trascendencia de las cosas supremas y sabed reconocer nuestro nuevo humanismo: también nosotros, más que cualquier otro, rendimos culto al hombre». Y continúa: «Este Concilio, cuyos trabajos y desvelos han sido consagrados principalmente al hombre, ¿no estará destinado a abrir una vez más al mundo moderno las vías de una ascensión hacia la libertad y la verdadera felicidad?».

En realidad, esto puede significar: el Concilio se ocupa del hombre para devolver el hombre a Dios, del que se ha alejado. Dios no necesita del concilio. Es el hombre quien necesita que se preocupen de él porque está lleno «de dudas y angustias» por haber rehusado «reconocer a Dios como su principio» y por «haber roto la armonía, respecto a sí mismo o respecto al resto de los hombres y a toda la creación».

Pero el lenguaje conciliar no deja de ser ambiguo; es su marca característica. Un ejemplo más lo encontramos en el discurso de Pablo VI en la ONU, un poco antes de la cuarta sesión: «Los pueblos se vuelven hacia las Naciones Unidas como hacia la última esperanza de paz y concordia. Nosotros nos atrevemos a aportar aquí, por nuestra parte, un tributo de honor y de esperanza. Y he aquí por qué para vosotros también este momento es grande... Lo más bello en la Organización de las Naciones Unidas es su faceta humana más auténtica, es el ideal con el que sueña la humanidad en su peregrinar a través del tiempo, es la mayor esperanza del mundo...». Con todo esto, por más que termine en san Pablo y en una llamada a la conversión interior, es extraño que la encíclica *Pacem in Terris* de Juan XXIII (lo mismo que el discurso de Pablo VI) haya encontrado en la ONU «una resonancia han honorable y significativa».

El culto al hombre también es visible para el observador en el momento de los funerales cristianos. Antes del Concilio, se rezaba en la liturgia por esa alma que ahora se presentaba temerosa ante el Juicio supremo. Era a Dios a quien iban dirigidas las palabras de la plegaria: «Dadle, Señor, el reposo eterno y que Vuestra luz le ilumine por siempre». La fórmula de agradecimiento empleada hoy por las familias para dirigirse a los que han asistido a las exequias, fórmula redactada por las pompas fúnebres con la aprobación de las autoridades eclesiásticas, expresa un cambio radical:

«Señor y señora... y toda la familia, profundamente afectados, os agradecen desde el fondo de su corazón el consuelo que son vuestros pensamientos, vuestros gestos, vuestras palabras, vuestras flores, vuestra presencia, las muestras de simpatía que les habéis manifestado y vuestra unión en el pesar que les aflige por la desaparición de..., así como en el último homenaje que le ha sido rendido».

La ceremonia corresponde generalmente a esta formula. La misa suele omitirse. El panegírico constituye lo esencial, se recuerda con familiaridad la vida del difunto, se habla de su familia, a veces se expone su retrato, se escuchan discos que le gustaban. Si acaso se dice una oración, suele reducirse al mínimo, de forma que no moleste a los agnósticos presentes en la Iglesia. Se les invita a que, mientras los «creyentes» echan unas gotas de agua bendita sobre el féretro, ellos lo toquen simplemente con la mano. Es, en toda la acepción de la palabra, un «último homenaje», una cuestión humana.

El Concilio se mostró fascinado por el mundo moderno: «El género humano vive hoy una nueva etapa de su historia, caracterizada por cambios profundos y rápidos que se extienden poco a poco por todo el conjunto del globo. Provocados por el hombre, por su inteligencia y su actividad creadora, repercuten sobre el propio hombre, sobre sus decisiones, sus deseos, individuales y colectivos, sobre su forma de pensar y actuar, tanto con respecto a las cosas como a sus semejantes; hasta tal punto que se puede hablar de una verdadera metamorfosis social y cultural cuyos efectos se manifiestan incluso en la vida religiosa».

La constitución *Gaudium et Spes* no deja de mostrarse admirada ante esta evolución: «Las condiciones de vida del hombre moderno, desde el punto de vista social y cultural, se han visto profundamente transformadas, de manera que se puede hablar de una nueva etapa de la historia humana... Las ciencias llamadas exactas desarrollan al máximo el sentido crítico; las investigaciones más recientes de la psicología explican en profundidad la actividad humana; las disciplinas históricas trabajan enérgicamente para examinar las cosas bajo su aspecto cambiante y evolutivo...».

El mismo texto conciliar vuelve sobre el tema en numerosas ocasiones: «El movimiento de la historia es tan rápido que a duras penas podemos seguirlo. El destino de la comunidad humana se unifica, y ya no se separa en historias particulares. En una palabra, el género humano pasa de tener un concepto estático del orden de las cosas a una concepción más dinámica y evolutiva, de lo que se deriva una nueva e inmensa problemática que conduce a nuevos análisis y nuevas síntesis».

«Problemática... estática... dinámica... análisis... psicología de las profundidades», el estilo eclesiástico también ha evolucionado súbitamente, y no podemos por menos que sorprendernos, al cabo de los años, al ver que ya aparecía el concepto de «nueva era», mucho antes del movimiento de origen americano, la «New Age», que se desarrollará en los años setenta y se extenderá en poco tiempo al viejo continente.

Los padres conciliares no preveían en modo alguno la aparición de este movimiento, impregnado de esoterismo y ocultismo, pero indiscutiblemente le habían abierto el camino con el tono milenarista de sus declaraciones. Hablaban de un cambio de fondo en la historia humana: les parecía que existía un abismo entre la época actual, marcada por el progreso de las ciencias, y los dos milenios transcurridos.

Con el tiempo, la Iglesia se preocupará por el movimiento de la Nueva Era. En Francia, el episcopado instituirá en 1988 un grupo de trabajo de ámbito nacional llamado «Pastoral y sectas», cuya principal preocupación será este movimiento. El acta de su primer encuentro contiene este párrafo revelador:

«La Nueva Era será uno de los «retos», de los «desafíos» más importantes para el cristianismo en los años venideros. En primer lugar, porque estos movimientos intentan apresurar su desaparición para hacer sitio a la futura religión mundial. En segundo lugar, porque este tipo de sensibilidad religiosa tiene muchos rasgos de la gnosis eterna. Por último, porque numerosos cristianos practican actualmente la doble adhesión».

La Iglesia siempre ha intentado presentar una visión del mundo que transcendiera las peripecias de la historia humana, que ciertamente no han faltado durante dos mil años: hundimiento del imperio romano, grandes invasiones, descubrimiento del Nuevo Mundo, exploración del planeta hasta la reducción casi absoluta de las *terrae incognitae*, guerras, revoluciones, desaparición de Estados, creación de otros nuevos, construcción del imperio soviético... La opinión de la Iglesia era que la naturaleza humana no cambia, que el destino del hombre es invariablemente el mismo, ya se desplace en un carro de bueyes o en un avión supersónico, que los únicos acontecimientos realmente determinantes son la creación del hombre, su pecado, la promesa de un Salvador, la concepción de Jesús el día en que el Ángel se apareció a María, su nacimiento el día de Navidad, su muerte, su resurrección. No existía una nueva problemática, era la misma problemática que se inició cuando el Espíritu de Dios planeaba sobre las aguas y que sólo terminaría con el Juicio Final.

Pero sobre el Concilio Vaticano II flotaba el espíritu de los filósofos alemanes, con «el aspecto cambiante y evolutivo» de todo, el progreso irreversible, la especie, surgida de la materia, llevada a un continuo perfeccionamiento en detrimento de los individuos, «para que los planes, las disposiciones de la naturaleza o de la razón se realicen» (Siri). También se notaba la influencia de Teilhard de Chardin, que veía a la humanidad en marcha hacia su propia apoteosis, fundiéndose en un solo ser para convertirse, al final de su evolución, en el «Cristo cósmico».

CAPÍTULO 22

Dos palabras latinas que lo cambian todo
Una idea en la cabeza
Programa común – Un detalle: Jesús

Otra novedad nada desdeñable: en el Concilio Vaticano II, la Iglesia ha cambiado su propia definición. Advertimos este extraño cambio en la Constitución dogmática *Lumen Gentium*. Tras revisar la doctrina ancestral según la cual, la Iglesia, fundada por Jesucristo, está formada por una agrupación visible y una comunidad espiritual, que comprende, en una única y compleja realidad, un elemento humano y un elemento divino, y tras recordar que, como se afirma en el Credo, es una, santa, católica y apostólica, los padres conciliares han escrito:

«Esta Iglesia subsiste en la Iglesia católica gobernada por el sucesor de Pedro y los obispos en comunión con él...». Esta es la nueva fórmula (en latín: *subsistit in)* que el catecismo publicado por Roma en 1992 traducirá con cierta dificultad: «Esta Iglesia se realiza en...». Hasta diciembre de 1965 se decía: «La Iglesia fundada por Jesucristo es la Iglesia católica».

La sustitución de este verbo simple que establecía claramente una relación de identidad entre ambas cosas no es casual. La definición conciliar da a entender que la Iglesia católica y romana no es la única Iglesia de Cristo, sino una de sus realizaciones, categoría a la que pueden aspirar también otras religiones.

157

Esta idea pasa a un primer plano en los siguientes textos donde se habla de las religiones no cristianas. Se produce entonces un deslizamiento semántico interesante de estudiar: el concilio recupera la expresión «pueblo de Dios», que es prácticamente un sinónimo de Iglesia.

La enciclopedia Théo explica: «Los católicos, desde el Concilio Vaticano II, por lo menos una parte, prefieren llamar a la Iglesia «pueblo de Dios», ya que esta expresión tiene la ventaja, a sus ojos, de presentar a la Iglesia de forma aceptable en un tiempo de democracia, y subrayar la continuidad existente entre el pueblo judío y los cristianos».

Existe otra razón, más seria, que proporciona *Lumen Gentium:* «Finalmente, aquellos que aún no han recibido el Evangelio son incluidos de formas diversas en pueblo de Dios. En primer lugar, el pueblo que recibió las alianzas y las promesas y en el seno del cual Cristo se hizo carne... Pero los designios de la salvación incluyen también a aquellos que reconocen al Creador y, entre ellos, en primer lugar a los musulmanes... En cuanto a los que buscan al Dios desconocido bajo las sombras y las figuras, Dios mismo tampoco se halla lejos de ellos, ya que Él a todos da la vida, el aliento y todas las cosas...».

La declaración *Nostra Aetate* va más lejos; extiende su solicitud al resto de las religiones no cristianas, el hinduismo, el budismo y todas aquellas «que existen en el mundo [y que] se esfuerzan por salir al paso, de formas diversas, de la inquietud del corazón humano proponiendo vías, es decir, doctrinas, normas de vida y ritos sagrados».

Más adelante, leemos: «La Iglesia católica no rechaza nada de lo que es verdadero y santo en estas religiones. Considera con un respeto sincero estas maneras de actuar y de vivir, estas normas y estas doctrinas que, si bien difieren en muchos puntos de lo que ella misma sostiene y propone, a menudo contienen parte de la Verdad que ilumina a todos los hombres».

Estas afirmaciones son el principio de lo que se puede llamar el ecumenismo ampliado. La fórmula que se utiliza en *Orígenes,* en el año 240: «Fuera de la Iglesia no hay salvación» sigue siendo verdadera, ya que el catecismo de 1992 insiste en ello reservando, como siempre se ha entendido, la posibilidad para los no católicos de salvarse en el caso de que «sin culpa por su parte, ignoren el Evangelio de Cristo y su Iglesia, pero busquen, sin embargo, a Dios con un corazón sincero y se esfuercen por cumplir Su voluntad tal y como su conciencia se la ha revelado» (bautismo de deseo). Pero el concilio dio la impresión de quebrantar esta ley. En cualquier caso, así es como han sido entendidas sus declaraciones.

Algunos obispos y sacerdotes hacen colectas para ayudar a construir mezquitas en Francia, puesto que se puede alcanzar la salvación siguiendo a Mahoma. Hay obispos que han prohibido a sus sacerdotes que intenten convertir a los musulmanes. Algunas iglesias han sido abiertas a «no cristianos», que han colocado la estatua de Buda en lugar del crucifijo; incluso la catedral de Chartres fue prestada a los druidas para que adoraran al sol durante el solsticio de verano. En 1991, en un coloquio del Instituto católico de París, un partipante se preguntaba: «¿Cómo no creer que Dios, misteriosamente, ha hablado en el Corán?». Otro afirmaba: «Aunque el concilio no haya dicho que las religiones eran propiamente vías de salvación para sus miembros, el sentido era ese». Durante la guerra del Golfo, el obispo de Montpellier, monseñor Boffet, firmaba junto con los dirigentes de todas las confesiones de la ciudad, un texto contra el racismo en el que se podía leer: «En los momentos difíciles que atraviesa la comunidad internacional, debemos extraer de la lectura de los textos sagrados, el Corán, la Biblia, el Talmud, y del respeto a la Constitución francesa, los elementos para una comprensión mutua más allá de cualquier diferencia».

¿Cuáles son estas diferencias? Para no entrar en detalles, retengamos la principal: la persona de Jesucristo. Los lectores del Talmud ven en él a un impostor, puesto que se ha autoproclamado Hijo de Dios y ellos estiman que no lo es. Los lectores del Corán pueden leer en las suras (XXIII 92, V 76, XXXIX 6, XIX 92, etc.) que los que le adoran son idólatras.

¿Cómo no pensar que realmente se trata de una revolución? La Iglesia no sólo cambiaba su definición, sino que aceptaba que su fundador no fuese más que una diferencia entre otras, de alguna forma, un simple detalle.

Esta cuestión, que hay que considerar primordial, da que pensar a los que intentan promover el ecumenismo ampliado. En el coloquio citado anteriormente, el padre Doré, decano de la facultad de teología del Instituto católico de París, no veía otra solución que minimizar, de una forma bastante chistosa, la importancia del Hijo de Dios, haciendo competir a las Personas de la Santa Trinidad: «Es cierto que en el tema que nos ocupa, la cristología se halla en el centro del debate. No es que Cristo sea absolutamente todo, ni que esté completamente solo. Por un lado, Cristo no es el principio ni el fin, pues en ambos casos es el Padre, de quien todo viene y a quien todo vuelve, quien ocupa este lugar y desempeña este papel. Y por otro lado, Cristo no es el único en obrar en el nombre del Padre, pues también está el Espíritu».

El Cristo alfa y omega (Apocalipsis) había terminado; el ecumenismo conciliar había conseguido la proeza de excluir a Jesucristo para poder firmar manifiestos con los musulmanes y los judíos. De la misma forma, la comisión para las relaciones religiosas con el judaísmo trabaja para construir un programa de colaboración con los israelitas «en el objetivo de la justicia social y de la paz, a nivel local, nacional e internacional» poniendo a punto una especie de programa común, que el vicepresidente del Congreso judío mundial describía así el 11 de noviembre de 1992, durante un encuentro en Roma con sus interlocutores católicos:

«Veo la posibilidad de tal cooperación, concretamente en tres temas: la protección de los derechos del hombre, basada en el concepto de la creación del hombre a imagen de Dios; la preocupación ecológica, basada en el concepto de la preservación de la creación; y la solución de los problemas sociales extremadamente difíciles que tenemos en las grandes ciudades, basada en la enseñanza social de los profetas de Israel».

En otras palabras, bastaría con hacer como si el Mesías no hubiese venido, y basándose en la bien conocida fórmula, olvidar «lo que nos divide y conservar sólo lo que nos une». El Concilio conserva como denominador común con judíos y musulmanes la creencia en Dios creador. De este modo, será posible emprender acciones conjuntas remontándose a la Creación y a los profetas del Antiguo Testamento, que todo el mundo reconoce, y «llegando a un punto muerto» en lo que respecta a la encarnación, la divinidad de Jesucristo, la redención y los Evangelios.

La Iglesia ya no reza por la conversión de los judíos el Viernes Santo, ni para que «conociendo la luz de vuestra verdad, que es Cristo, sean arrancados de las tinieblas», como se hacía en la antigua liturgia en los tiempos de Fátima.

CAPÍTULO 23

El discurso de Casablanca
Un papa en la sinagoga
La pipa de la paz
La bendición del gran maestro

A propósito de las ceremonias del 75 aniversario de Fátima, en 1992, el abate Laurentin, que gozaba de una cierta autoridad en la materia, escribía estas líneas: «El tercer secreto anunciaba [y quería impedir] la crisis de la fe y del clero que sobrevino alrededor de 1968... La esencia [del secreto] es bien conocida. No habrá pues ninguna sorpresa el día en que se publique íntegramente el texto de los documentos, lo que es mi deseo desde hace mucho tiempo».

Sin embargo, para él, esta crisis (que fecha tardíamente por necesidades de la causa) tiene su origen en «la formidable tentación del posconcilio, que ha traicionado al Vaticano II». El secreto no acusa al propio Concilio.

Es el gran error de los últimos treinta años: si cuarenta mil sacerdotes han colgado sus hábitos, «hecho sin precedentes en la historia de la Iglesia» (según reconoce Laurentin), si muchos sacerdotes que continúan en su puesto han dejado de celebrar su misa diaria y les disgusta ser «impartidores de sacramentos», si los misioneros pasan la mayor parte del tiempo cavando pozos en lugar de bautizar, si los que «trabajan» en América del Sur tienen debilidad por el «Kalashnikov», si tantos otros abandonan el ministerio de sus parroquias para ocuparse de reuniones, encuentros, intercambios y diálogos, si hay escasez de vocaciones, si decenas de miles de iglesias distribuidas por el territorio francés permanecen cerradas, si los obispos ya no son dueños de sus diócesis, si la incultura religiosa de los estudiantes inquieta incluso a los profesores de universidad agnósticos, si ya no se reza en las escuelas católicas... todo ello hay que achacarlo a la mala interpretación que se ha hecho de los documentos. Pero ha sido acordado que el Concilio es intocable.

¿Habrán sido mal interpretadas las declaraciones antes citadas respecto al ecumenismo? Juan Pablo II, que ha declarado: «Hay que aplicar el concilio tal y como es, no como algunos quisieran verlo y comprenderlo», es también el papa del discurso de Casablanca, de la visita a la sinagoga de Roma y del encuentro de Asís, el que ha recibido en Madrás la unción de Siva, la tercera persona de la trinidad hindú, el que, en el Gran Norte canadiense, ha permitido al jefe hurón Ke-Jen-Manito invocar públicamente en su presencia al Gran Espíritu, y el que ha participado en ceremonias animistas en el África negra.

En Casablanca, el 19 de agosto de 1985, su discurso a la juventud musulmana terminaba con una oración en la que Cristo no era mencionado: «Dios, Tú eres el único, para Ti nuestra adoración... Autor de la justicia y de la paz, concédenos la verdadera felicidad, el auténtico amor y la fraternidad entre los pueblos. Cólmanos con tus dones por siempre jamás. Amén». Era la primera vez que un papa no terminaba una plegaria con las palabras: «Per Dominum nostrum Jesum Christum».

También en aplicación del concilio, y no como una falsa interpretación, tuvo lugar el 13 de abril de 1986 la primera visita de un papa a una sinagoga. En respuesta a las palabras del presidente de la comunidad israelita de Roma y del gran rabino Toaff, el papa Juan Pablo II decía: «Con grandes dificultades hemos llegado a la común aceptación de una legítima pluralidad en el plano social, civil y religioso» [...] «Ante todo, cada una de nuestras religiones... desea ser reconocida y respetada en su propia identidad, más allá de todo sincretismo y de toda apropiación equívoca...» «Nosotros estamos dispuestos a profundizar el diálogo en la lealtad y la amistad, en el respeto de las convicciones íntimas de unos y otros, siempre que se tome como base fundamental los elementos de la revelación que poseemos en común como *un gran patrimonio espiritual*».

El historiador puede extraer de todo esto cuatro nuevas disposiciones respecto a lo que se venía enseñando hasta ese momento: la Iglesia reconoce la identidad propia de la religión judaica; la base del entendimiento fundamental puede dejar de lado la encarnación; tan legítimo es ser judío como cristiano; respetar las convicciones íntimas del prójimo suprime el deber de convertir.

El encuentro para la oración, en Asís, el 27 de octubre de 1986 extiende estas disposiciones a todas las religiones. Se convocó un lunes, es decir, un día neutral, ya que el viernes es el día de oración de los musulmanes, el sábado el de los judíos y el domingo el de los cristianos, mientras que los siux, invitados entre otros, fuman su «calumet» de la paz cualquier día de la semana, salvo cuando están cumpliendo alguna misión.

En la fotografía histórica que ha quedado de esta manifestación se ve a los componentes del grupo sentados en un cuadrado en el patio inferior de la basílica de Asís: la palabra «Paz» aparece escrita en todas las lenguas sobre una especie de podium y los representantes de las «doce grandes religiones» ocupan sillas idénticas. Mezclado entre ellos, ni siquiera en el mismo centro, se observa al papa, sin mitra, ligeramente encogido sobre su asiento, que en esta ocasión no es el de Pedro, entre el Dalai-Lama y el metropolita Methodios.

A la llamada de Juan Pablo II habían acudido ciento treinta responsables religiosos. Tras la alocución de bienvenida, los grupos se repartieron en la ciudad para orar «no juntos, pero sí al mismo tiempo». Los sijs se instalaron en el obispado, los musulmanes en una sala frente a correos, los hinduistas ante el altar de Santa María la Mayor. En la iglesia de San Pedro, el Dalai-Lama y sus discípulos rezaron ante el sagrario, sobre el que habían colocado una estatua de Buda.

Por la tarde, una gran reunión permitió a cada grupo recitar públicamente su oración. Los musulmanes dijeron:

«Creemos en Dios, en lo que Él nos revela, en lo que reveló a Abraham, Ismael, Jacob y las tribus, en lo que el Señor dio a Moisés y a Jesús, en lo que dio a los profetas. No hacemos diferencias entre ellos, y nos sometemos a Él».

Los animistas africanos recitaron esta otra fórmula:

«Que todos los antepasados y malos espíritus reciban su bebida y huyan para ser juzgados. Pero vosotros, buenos espíritus y buenos ancestros, a los que hemos llamado, recibid nuestras bebidas y extended en abundancia sobre nosotros vuestras bendiciones y concedednos la paz».

Los Indios de América del Norte presentaban, sin ninguna duda, el aspecto más espectacular, con sus tocados de plumas de épocas más gloriosas. Cuando les llegó el turno, esto fue lo que dijeron:

«Esta pipa ha sido dada a mi pueblo por el Creador para la paz y la amistad... Fumando esta pipa en presencia del Creador y con toda la Creación, la ofrecemos al Gran Espíritu, a la Madre Tierra y a los Cuatro Vientos, y elevamos una oración de agradecimiento y de bendición para esta ceremonia. Yo os la ofrezco a vosotros, mis amigos».

No hubo ningún intento de proselitismo. El papa, que se había presentado brevemente por la mañana como «creyente en Jesucristo y primer servidor de la Iglesia católica», concluyó la jornada diciendo: «Yo proclamo de nuevo mi convicción, compartida por todos los cristianos, de que en Jesucristo, el salvador de todos, se puede encontrar la paz... Repito aquí humildemente mi propia convicción: la paz lleva el nombre de Jesucristo».

La reunión de Asís tendrá continuación: un año después, los representantes de todas las religiones del mundo volvían a encontrarse en la ciudad de Pedro, en la iglesia de Santa María de Trastévere. En 1992, el cardenal Danneels organizaba en Bruselas una gran asamblea a la que asistieron obispos de la Iglesia patriótica de China (cismática), pero ningún representante de la Iglesia clandestina fiel a Roma.

En el segundo encuentro de Asís, los días 9 y 10 de enero de 1993, se adoptó una nueva forma de organización con vistas a evitar las acusaciones de sincretismo: las distintas religiones se encontrarían el sábado después de comer, mientras que la noche del sábado se reservaría a los cristianos y el domingo a los católicos. Sin embargo, los judíos se excusaron, ya que el sábado no pueden estar a disposición de nadie; los ortodoxos vieron con malos ojos la invitación, y le reprocharon al papa, que había intervenido enérgicamente en favor de los bosnios, haber adoptado una actitud «antiserbia»; los anglicanos, confusos por las reacciones suscitadas ante su decisión de ordenar mujeres sacerdotes, sólo habían enviado al arzobispo de York; los siux, probablemente ocupados con la guerra, tampoco acudieron.

La ruptura que suponen estas reuniones religiosas con el pasado de la Iglesia viene confirmada por el Gran Oriente de Italia, uno de cuyos responsables, Armando Corona, gran maestro de la logia del «Equinoccio de Primavera», comenta así la reunión de Asís:

«Nuestro interconfesionalismo provocó que en el año 1738 Clemente XI nos excomulgara. Pero la Iglesia estaba ciertamente en un error si es cierto que, el 27 de octubre de 1986, el actual pontífice ha congregado en Asís a hombres de todas las confesiones religiosas para orar juntos por la paz. ¿Y qué buscaban nuestros hermanos cuando se reunían en los templos, sino el amor entre los hombres, la tolerancia, la solidaridad, la defensa de la dignidad del ser humano y la igualdad por encima de credos políticos, credos religiosos y color de la piel?».

Por consiguiente, hay que reconocer que el concilio no ha sido traicionado; antes bien, ha sido cumplido al pie de la letra, un concilio que, según todos los indicios, parece ser el objeto del tercer secreto de Fátima.

CAPÍTULO 24

Llamémosla Memoria del Señor
La Virgen indeseable
Como en los tiempos de Enrique VIII
Esperamos Tu llegada en la gloria

En mayo de 1992, el padre Werenfried van Straaten, que llevó a cabo la colosal obra por todos conocida en favor de la Iglesia del silencio en los tiempos más sombríos de la dictadura comunista en Europa, tuvo la idea de inaugurar en Fátima un «rosario ecuménico» en el que reunió a católicos y ortodoxos. El «Padre del tocino», según el sobrenombre que le pusieron aquellos a los que socorrió en el terreno alimentario y espiritual, también aplica el Concilio: «Es deseable que los católicos se reúnan para orar con los hermanos apartados» *(Unitatis Redintegratio, 8)*. Pero al hacer esto, plantea el problema de la «conversión de Rusia». ¿Se puede considerar conseguida tras la caída del Telón de Acero y la restauración de la libertad religiosa, una vez dicha la misa en el Kremlin y que el presidente de la Federación rusa, sin ser realmente practicante, asiste a los oficios en las grandes ocasiones?

El arzobispo de Braga, don Enrico Dias Nogueiro, responde afirmativamente. En 1991 declaraba: «Ningún teólogo interpreta esta conversión como una integración del pueblo soviético en el seno de la Iglesia católica, ya que en su mayor parte, este pueblo pertenece a la Iglesia ortodoxa. Esta Iglesia surgió de la ruptura o del cisma de Constantinopla, hace cerca de mil años. Una conversión significa un regreso a Dios y a los altos valores espirituales que proclama el Evangelio. Esto es justamente lo que se está produciendo entre los pueblos excomunistas, que en su mayoría habían sido educados en la fe cristiana, bajo sus diversas formulaciones accidentales».

Don Enrico Dias Nogueiro también muestra su respeto hacia las normas establecidas por el concilio en materia de ecumenismo. Este ecumenismo, en sentido estricto, que sólo se aplica a las religiones cristianas, ha sido objeto de un decreto en el que se asigna un lugar privilegiado a la ortodoxia, ya que ésta se beneficia de la sucesión apostólica: se reconoce la validez de sus sacramentos y de la Eucaristía. El decreto va aún más lejos al decir: «Así pues, por la celebración de la Eucaristía del Señor en cada Iglesia particular, la Iglesia de Dios se construye y engrandece», y parece integrar, pura y simplemente, a las Iglesias ortodoxas dentro de la Iglesia católica. La cita es de san Juan Crisóstomo, que vivió en el siglo IV, quinientos años antes de la escisión de Roma. La referencia es por lo demás sorprendente, ya que este santo padre entendía «Iglesia particular» en el mismo sentido que el apóstol Juan en el Apocalipsis y que nosotros actualmente cuando hablamos de «Iglesia francesa», «Iglesia española»: en todos los casos, se trata de la Iglesia católica romana.

Se observa un desliz semántico, como en la expresión «pueblo de Dios», confusión que ahora sobrepasa el problema de la ortodoxia: hoy es normal decir «las Iglesias», englobando bajo este término a anglicanos, ortodoxos, protestantes de todas las confesiones, e incluso testigos de Jehová. El diario *La Croix*, en su portada del 18 de enero de 1992, publicaba el siguiente titular: «Semana de la unidad: la llamada de las Iglesias», en contradicción con el Credo que se reza durante la misa: «Creo en una sola Iglesia...».

El arzobispo de Braga ve en las diferentes confesiones «la fe cristiana bajo sus diversas formulaciones accidentales». Una opinión que jamás se habría atrevido a pronunciar su predecesor en el tiempo de las apariciones, producidas éstas antes del Concilio. Como vemos, el Concilio cambió no pocas cosas.

El gran público percibió este cambio cuando se introdujo la nueva misa. Oficialmente, se justificó por la voluntad de hacer la ceremonia más familiar y más corta, e intentar que los textos y las oraciones, al ser más accesibles gracias al empleo de la lengua vulgar, motivaran la mayor participación de los fieles. La reseña histórica de la reforma litúrgica plantea motivos distintos. La idea de los reformadores era hacer una misa a la que los protestantes no se negaran a asistir, pese a las diferencias fundamentales en la materia que les separan de los católicos.

Seis protestantes participaron en la elaboración de la nueva misa, entre ellos el hermano Max Thurian, fundador de la comunidad de Taizé. La foto en que aparece junto a Pablo VI fue publicada en los periódicos oficiales de la Iglesia. Se trataba de un hecho sin precedentes por un doble motivo: porque jamás los protestantes habían sido invitados a participar en la liturgia católica y porque por primera vez en la historia, un papa elaboraba, con todas sus partes, una nueva misa.

Los ornamentos sacerdotales fueron reemplazados por el alba de Taizé: desaparecían así los colores litúrgicos y la cruz bordada sobre la casulla con la que el sacerdote parecía cargar sobre sus hombros cuando se inclinaba para consagrar, símbolo que recordaba que ocupaba en el altar el lugar de Cristo. El sacerdote, en la nueva liturgia, «preside», como el pastor; es la asamblea quien celebra la Eucaristía en virtud del «sacerdocio común de los fieles», tan del gusto de los protestantes. Ahora se dice: celebremos juntos. El sacerdote recita el *Confiteor* y el *Domine non sum dignus* con los fieles, en lugar de hacerlo separadamente como exigía el antiguo *ordo* para marcar la distinción entre la función ministerial del sacerdote y el sacerdocio común de los fieles. Así, ya no se dice: «Que el Señor reciba de tus manos este sacrificio», sino: «Oremos juntos». Al ser una asamblea, la misa ya no se celebra sin reunión de fieles: los sacerdotes apenas la celebran solos por las mañanas entre semana. Se utiliza lo menos posible la palabra «misa», de la que Lutero decía: «Considerémosla como sacramento o como testamento. Llamémosla bendición, eucaristía, mesa del Señor, Cena del Señor o Memoria del Señor».

La importancia concedida a las lecturas, a la «liturgia de la palabra», apunta a la satisfacción de los calvinistas, al tiempo que intenta introducir a los laicos en la acción sagrada, haciéndoles leer en el púlpito la epístola y las aclamaciones, e incluso distribuir la comunión. El celebrante, sentado la mayor parte del tiempo, cumple de forma exacta su papel de presidente.

Diversas oraciones han sido suprimidas o modificadas, en particular aquellas que invocaban a la Virgen, san Pedro y san Pablo (el *Suscipe*, el *Libera nos*); la mención «siempre virgen» ha desaparecido del *Confiteor*. En la propia misa, la «Purificación de la Bienaventurada Virgen María» se ha convertido en la «Presentación del Señor»; la «Anunciación de la Bienaventurada Virgen María» ha sido reemplazada por la «Anunciación del Señor». Se reconoce la recomendación sugerida por el Concilio (*Lumen Gentium* 67) de abstenerse en el culto de la Santa Virgen de «toda falsa exaltación»: «Todo está orientado hacia Cristo, única fuente de verdad, santidad y devoción. En sus palabras o sus actos, los teólogos deben evitar con cuidado lo que podría inducir a error a los hermanos apartados o cualquier otra persona, respecto a la verdadera doctrina de la Iglesia». Este párrafo revela el afán por limitar la devoción, de la que san Bernardo decía: «*De Maria, nunquam satis*» (Con respecto a María, nunca se hace lo bastante). El culto de los santos, no compartido por los protestantes, es atenuado. La lista de ellos que se incluye en *Communicantes* y en *Nobis quoque peccatoribus* puede ser omitida (entre corchetes en el texto). Se ha suprimido la plegaria que hace el celebrante, una vez en el altar, sobre las reliquias de los mártires contenidas en él *(Oramus Te)*.

La misa comenzaba con la recitación, en la parte inferior de los escalones, del salmo *Introïbo ad altare Dei* (Subiré al altar de Dios). Ha sido suprimido, ya que recordaba de forma demasiado clara que la misa, siendo un sacrificio, se celebra sobre un altar. En 1969, e incluso antes, los curas hicieron derribar el altar mayor de sus iglesias, a veces histórico, y muchos fieles dieron gracias por una vez a la ley de separación entre Iglesia y Estado que, mediante la intervención de los alcaldes de los municipios, acabó con esta situación en los lugares de culto expoliados en 1905. Los altares mayores que aún se conservan se emplean para poner flores. Lutero decía también: «Este abominable canon [de la misa papista] es una colección de lagunas cenagosas; se ha hecho de la misa un sacrificio; se han añadido los ofertorios. La misa no es un sacrificio o la acción de un sacrificador».

Sobre la mesa, volante o fija, instalada en lo sucesivo a la entrada del coro, la celebración se asemeja más a la cena protestante que a la misa católica. El ofertorio ha sido reemplazado por los «berakot» que los judíos del Antiguo Testamento recitaban al comienzo de las comidas y que corresponden al *Benedicite*. El celebrante «presenta» al Dios del universo el pan, «fruto de la tierra y del trabajo de los hombres», después el vino, «fruto de la vid y del trabajo de los hombres», para afirmar con palabras neutras que se convertirán en «el pan de vida» y «el vino del reino eterno».

Mediante la consagración separada del pan y del vino, el sacerdote actualizaba, de forma incruenta, el sacrificio del calvario. La nueva misa, bajo la rúbrica «Relato de la Institución», simplemente conmemora este sacrificio; el sacerdote pronuncia las palabras de Cristo en la Última Cena con un tono narrativo y poco intimista. Tras la consagración, la teología católica mantiene que el pan se convierte en el cuerpo del Señor y el vino en Su sangre. La nueva liturgia no incita a los celebrantes a creerlo así. Los más piadosos hacen entonces la genuflexión impuesta por la rúbrica y adoran al Cristo presente. En las concelebraciones, los concelebrantes deben simplemente inclinarse y el celebrante principal frecuentemente les imita. El nuevo *ordo* hace entonces cantar a los fieles: «... Esperamos Tu venida en la gloria», fórmula un tanto extraña si se piensa que Cristo acaba de llegar.

Los testimonios de la satisfacción de los protestantes no escasean. El pastor Mehl escribe: «Ha desaparecido por completo la idea según la cual la misa constituiría un sacrificio... Evolución decisiva de la liturgia católica». Otro luterano, el pastor Jordhan, de Hamburgo, opina por su parte: «[El canon romano] era casi exclusivamente una oración inmoladora... El que esta tradición, considerada por la reforma protestante como un camino erróneo, haya sido abandonada de forma inequívoca, constituye un acontecimiento que puede ser evaluado con razón como un gran progreso hacia la unidad».

Citemos una vez más al pastor Max Thurian: «Comunidades no católicas podrán celebrar la Santa Cena con las mismas oraciones que la Iglesia católica. Teológicamente, es posible».

También resulta teológicamente posible para los anglicanos. Thomas Cranmer, primer arzobispo reformado de Canterbury, el artífice del divorcio de Enrique VIII por el que se provocó el cisma de la Iglesia de Inglaterra, es el autor del *Book of Common Prayer*, que modificó en 1549 el rito de la misa en este país. El parecido con la misa de Pablo VI es sorprendente. El *Prayer Book* prescribía la sustitución del latín por el inglés, reemplazaba la palabra «misa» por la palabra «cena», suprimía el *Introïbo ad altare Dei*, concedía mayor amplitud a las «lecturas» y a los comentarios de las Escrituras, suprimía prácticamente el ofertorio en tanto que oblación; las oraciones del canon eran reducidas: con ello se intentaba borrar las referencias al carácter inmolador de la misa; las palabras y los gestos, particularmente las genuflexiones, que manifestaban la creencia en la presencia real de Cristo en la hostia y el cáliz, eran también eliminados. Los altares eran destruidos y sustituidos por una simple mesa en la parte inferior de los escalones que conducen al coro; las tres sabanillas del altar eran reducidas a una sola; los ornamentos sacerdotales se reducían a una simple sobrepelliz; la hostia era reemplazada por pan ordinario; los fieles recibían la comunión en la mano y de pie: ponerse de rodillas se consideraba un signo de adoración que había que abolir. El obispo Scott haría la siguiente observación: «Ya no había consagración, ya que cuando el ministro pronunciaba las palabras de la Institución: ÉSTE ES MI CUERPO..., las decía sin la intención esperada, como si contase una historia».

Cuatrocientos años después, un prelado inglés, monseñor Dwyer, arzobispo de Birmingham, declaraba a un periódico francés *(L'Aurore,* 24 de octubre de 1967): «La reforma litúrgica es, en un sentido muy profundo, la clave del *aggiornamento*. No hay que confundirse: ahí es donde empieza la revolución».

En esa misma época, el padre Congar también pronunciaba la

palabra «revolución» a propósito del conjunto de novedades introducidas en la Iglesia a raíz del Concilio. Para aproximarse a las «religiones no cristianas», la Iglesia había hecho abstracción de Cristo; para aproximarse a otras confesiones cristianas, cismáticas o heréticas, había hecho abstracción de la misa.

CAPÍTULO 25

«La indignación de Dios todopoderoso»
Un cúmulo de graves equivocaciones
El manto de la fe
La carga del hombre de blanco

Del tercer secreto, solamente poseemos con absoluta certeza una frase: la primera. E incluso ésta se halla incompleta. Bajo la presión de su obispo y del padre Galamba, historiógrafo de Jacinta, Lucía la escribió en su cuarta Memoria, que acabó de escribir el 8 de diciembre de 1941, pero no la había hecho figurar en la tercera.

Esta frase es: «Portugal conservará el dogma de la fe, etc.». Bajo su forma inacabada, contiene sin embargo varias informaciones.

Fuera de Portugal, la fe desaparecerá. No se trata de cataclismos, sino de apostasía, y responde a la preocupación de Jesús en el Evangelio: «Cuando el Hijo del Hombre regrese a la Tierra, ¿encontrará en ella aún la fe?». ¿Por qué Portugal escapará a esta desgracia, considerada de mayor magnitud por la Virgen que una nueva guerra mundial? Sin duda, a causa de la acogida sin reservas que le ha dispensado la gente de este país y que hasta hoy no se ha visto desmentida. Lucía escribía en una carta que Portugal sería preservada «en consideración a la consagración que le había sido hecha» (consagración nacional por el conjunto de obispos portugueses el 13 de mayo de 1931).

177

El levantamiento del secreto fue fijado por el Cielo en el año 1960. Aquel año, el papa aún estaba a tiempo de renunciar a convocar un concilio. «En ese momento –había dicho Lucía– será más claro». Fue el año bisagra que precipitó las cosas. Recordemos que el Concilio tuvo lugar en la primera mitad de los años sesenta.

Nuestra creencia de que el tercer secreto está relacionado con lo dicho anteriormente es una opinión compartida por muchos de los mejores expertos y encuestadores religiosos de Fátima, entre los que el hermano Michel de la Santa Trinidad cita al padre Alonso, el R.P. Martins dos Reis, el abate Roger Rebut, el P. Messias Dias Coelho, el canónigo Galamba, el R.P. Luis Kondor, vicepostulador de las causas de beatificación de Jacinta y Francisco, el Padre Schweigl, monseñor Venancio..., y añade: «En cuanto al cardenal Ratzinger, está claro que sus declaraciones a Vittorio Messori vienen también a confirmar la hipótesis del P. Alonso. El cardenal asegura que el tercer secreto de Fátima guarda relación con los «peligros que pesan sobre la fe y la vida del cristiano, y por lo tanto del mundo». Incluso es probable que fuese la lectura de este extraordinario documento lo que decidiese al prefecto de la Congregación para la doctrina de la fe a denunciar el cúmulo de graves equivocaciones que amenazan hoy la integridad de la fe católica en cuatro de los cinco continentes».

Aunque san Pablo anunciase en la Segunda Epístola a los Tesalonicenses (II, 3): «El día del Señor no llegará hasta que haya tenido lugar la apostasía», no faltan mentes lúcidas que pongan en duda que un desastre como ese pueda salir de un concilio ecuménico. ¿Es que un concilio no es infalible? El Vaticano II reunió a los obispos de todo el mundo durante cuatro sesiones a lo largo de cuatro años, y las constituciones, decretos y declaraciones fueron promulgados por el papa. ¿No es definitivo e irrevocable lo que contienen estos textos?

No existiría ninguna duda sobre este punto si el concilio hubiese dado muestras de su infalibilidad, pero no lo hizo. Los trabajos aún estaban en curso cuando un gran número de padres planteaban la cuestión al secretario general del Concilio, que, el 16 de noviembre de 1964, respondía:

«Teniendo en cuenta el uso de los concilios y el fin pastoral del concilio actual, éste define como obligados por la Iglesia en materia de fe y de conducta únicamente los puntos que claramente ha declarado como tales».

Pero el Vaticano II no declaró ningún punto como obligatorio y no decretó excomuniones. Y monseñor Felici comentaba oralmente, al final de las sesiones: «Hay que distinguir siguiendo los esquemas los capítulos, los que ya han sido objeto de definiciones dogmáticas en el pasado; en cuanto a las declaraciones que tienen carácter de novedad, hay que guardar ciertas reservas». El mismo Pablo VI declaraba a la audiencia general, el 12 de enero de 1966, que el concilio «no ha querido promulgar de manera extraordinaria dogmas afectados por la nota de infalibilidad».

El derecho de la Iglesia dispone de fórmulas jurídicas para las definiciones de carácter infalible. Veamos, por ejemplo, la que termina la promulgación del dogma de la Inmaculada Concepción por Pío XI en 1854:

«Es por ello, si los hubiera, Dios no lo quiera, quienes tuviesen la presunción de albergar sentimientos contrarios a los que acabamos de definir, que sepan claramente que se condenan a sí mismos por su propio juicio, que han naufragado en la fe y se han separado de la unidad de la Iglesia y que, además, incurren en las penas que trae el derecho si no osan manifestar de palabra, por escrito o mediante cualquier otro signo exterior lo que piensan interiormente».

Cuatro siglos antes de la misa del Vaticano II, san Pío V protegía a perpetuidad la misa restablecida gracias a sus esfuerzos «conforme a la norma antigua y a los ritos de los Santos Padres»; la bula finalizaba con estas palabras:

«Por tanto, que absolutamente nadie pueda derogar esta página que expresa nuestro permiso, nuestra decisión, nuestra disposición, nuestro mandato, nuestro precepto, nuestra concesión, nuestro indulto, nuestra declaración, nuestro decreto y nuestra prohibición, o no ose temerariamente ir contra estas disposiciones. Si, no obstante, alguien se permitiese tal alteración, que sepa que incurriría en la indignación de Dios todopoderoso y de sus bienamados apóstoles Pedro y Pablo».

El Concilio Vaticano II, que tenía por objeto declarado acercar la Iglesia a los «hombres de nuestro tiempo», no era por el mismo hecho intemporal. Era «pastoral», pero el mundo, y por tanto los métodos pastorales, han cambiado desde hace treinta años.

Si un papa quería tener en cuenta las advertencias de la Virgen de Fátima podría, en virtud de su magisterio supremo ordinario, rectificar las declaraciones que llevaron a las desviaciones lamentadas por Ratzinger. Pero, ¿qué pasaría entonces?

Una inmensa deflagración que haría derrumbarse muchos aspectos del mundo católico. ¿Quién se arriesgaría a ello? Los dos papas posconciliares (mencionemos a título de homenaje a Juan Pablo I, que sólo reinó treinta días; ¿leyó acaso el secreto de Fátima? ¿Cuál fue la impresión psicológica que le causó la muerte?) han podido constatar de forma visible la profunda crisis de la fe en la Iglesia. Pablo VI denunció, en un momento de intensa emoción, los «humos de Satán» que se habían introducido en el santuario «por alguna fisura»; el 30 de junio de 1968, en la clausura de la celebración del decimonono centenario del martirio de los apóstoles Pedro y Pablo, pronunciaba solemnemente, de pie en medio de sus cardenales, a los que obligó a permanecer sentados, su profesión de fe católica «para dar, en nombre de todo el pueblo de Dios, un firme testimonio de la verdad divina confiada a la Iglesia, para que ésta la anuncie a todas las naciones». Éste era, sin ninguna alteración, el depósito de la tradición apostólica, expresado en un lenguaje de límpida belleza. Pero Pablo VI murió sin cuestionar el concilio.

A continuación, llegó el papa que venía del frío. Resulta difícil no sentir simpatía hacia este peregrino del mundo que tanto entusiasmo pone en su trabajo. Juan Pablo II había participado de una forma activa en el concilio. ¿Ha leído lo que anunció la Virgen en la Cova da Iria? Fue elegido por el cónclave para aplicar el concilio, «todo el concilio, y nada más que el concilio», y quizá nos equivoquemos, pero nos ha parecido que cada vez lo lleva sobre sus hombros con más resignación, como una nueva carga del hombre de blanco. Sí, él ha leído el secreto, ha ido a Fátima, la bala que le traspasó el cuerpo se ha engastado en la corona de la Virgen, ha realizado por dos veces la consagración solicitada sin llegar a cumplir íntegramente las condiciones, si bien la ha satisfecho en parte o, al menos, los datos de la política internacional así parecen demostrarlo.

No es menos cierto, sin embargo, que en los quince años que dura ya su pontificado, la Iglesia se ha instalado en una posición de repliegue, el número de sacerdotes continúa decreciendo de forma alarmante, las cuentas del Vaticano conocen un déficit sin precedentes y las sectas van ganando terreno; incluso es normal leer de la pluma de los sociólogos que el cristianismo agoniza, cuando no lo dan por difunto. Existe una contradicción entre la «nueva evangelización», por la que Juan Pablo II recorre el mundo y el concilio devastador que se siente obligado a defender.

Pero, ¿cómo pasar por alto también la intransigencia con la que defiende la moral católica? Éste es un tema sobre el que predica a tiempo y a destiempo: el aborto, la contracepción, el matrimonio indisoluble, la procreación artificial, el celibato sacerdotal... Nada conseguirá que se desdiga en estos asuntos, como si tuviese un trozo del manto de la fe que intentasen arrebatarle la jauría de teólogos que ya han conseguido hacer pedazos el dogma y la liturgia. Es como si sintiese que mientras tenga en su poder un trozo del manto nada está perdido, y es precisamente este trozo el que los clérigos ansían quemar, como el último amarre que impide a la barca de Pedro navegar por los mares de la incertidumbre. Y se observa en los manifiestos y declaraciones que aparecen regularmente: Declaración de los Cien, Llamada al diálogo, Declaración de Colonia, Declaración de Coblenza...: cada reivindicación teológica y doctrinal desemboca en cuestiones de moral sexual.

Siempre se ha dicho que la Iglesia es una obra divina confiada a las manos de los hombres. Juan Pablo II, en la tormenta actual, cualquiera que sea el juicio que sobre él emita la historia, es papa, y esto es lo que da a la silueta itinerante del hombre de blanco cargado con el peso del concilio ese aspecto patético de luchador herido desplazándose incansablemente para estar con las multitudes.

En 1992, la publicación del «Catecismo de la Iglesia católica», gran éxito editorial, era observada por una gran parte del clero como una catástrofe, ya que les parecía un nuevo estandarte doctrinal, un freno puesto por Roma a la aventura conciliar. Sacrificando numerosas novedades del Vaticano II y no de las menores, reafirmaba de forma clara la encarnación, la redención, la concepción virginal de Jesús, su resurrección, la existencia de los ángeles, el pecado original, la vida eterna... Juan Pablo II devolvía para sí todo un lienzo del manto de la fe que se creía perdido.

Pero sería extraño que operase el espectacular enderezamiento que consistiría en volver a hablar del concilio. Un nuevo papa, que a su vez leyese el contenido de ese pequeño sobre, podría hacerlo. Si, como pensamos, Nuestra Señora habla en él de la verdadera causa del actual desorden, y si este nuevo papa busca una forma de levantar el colosal iceberg que frena la barca de Pedro, el medio está bien claro: le bastará con publicar, por fin... el tercer secreto de Fátima.

BIBLIOGRAFÍA

Mémoires de Sœur Lucie, Vice-Postulaçao Dos Videntes, 1991 (2ª éd.).

J. De Marchi, *Témoignages sur les apparitions de Fatima*, Ediçoes Missoes Consolata, 1990 (6ª éd.).

C. Barthas, *Le Message de Fatima, étude analytique*, Fatima-Éditions, 1971.

— *Fatima, merveille inouïe*, Fatima-Éditions, 1942.

— *Fatima et les destins du monde*, Fatima-Éditions, 1957.

P. Alonso, *Histoire ancienne et histoire nouvelle de Fatima*, Lethielleux, 1976.

— *La verdad sobre el secreto de Fátima*, Centro Mariano, Madrid, 1976.

— *Fátima, España, Rusia*, Centro Mariano, 1976.

Abbé Caillon, *La Consécration de la Russie aux très Saints Coeurs de Jésus et de Marie*, Téqui, 1983.

P. Castelbranco, *Le Prodige inouï de Fatima*, Centre de Diffusion, 1956 (11ª ed.).

Chanoine Galamba, *Jacinta*, Grafica, 1982 (8ª ed.).

Hay que destacar, de forma especial, el importante estudio en tres volúmenes del hermano Michel de la Santa Trinidad: *Toute la Vérité sur Fatima*, Contre-Réforme catholique, 1983-1986.

Por otro lado, Fátima ha sido objeto de estudio en numerosos artículos de revistas especializadas.

Colección ELEUSIS

15,5 x 21 cm

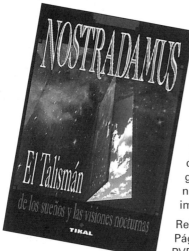

EL TALISMÁN DE LOS SUEÑOS Y LAS VISIONES NOCTURNAS
Nostradamus

Una joya literaria y apasionante de Nostradamus, el más célebre autor de profecías de Europa. Por oscuros motivos, esta obra ha permanecido escondida en la Biblioteca Nacional desde 1877, y supone una clave ordenada y concisa para interpretar los sueños. Tikal Ediciones recupera el texto perdido de Michel de Notradame y lo pone en manos del gran público, ávido de poder contar con el máximo número de escritos del que ha sido el visionario más importante de occidente.

Ref.: 101-999
Págs.: 160
PVP: 1.295 pts.

CÓMO SE CONSTRUYERON LAS PIRÁMIDES
de Peter Hodges

La obra en español más documentada y accesible sobre todo lo que tiene relación con la construcción de las pirámides. Peter Hodges sorprendió y escandalizó a toda la comunidad científica cuando aseguró que la teoría de las rampas es imposible.

Ref.: 100-999
Págs.: 168
Formato lujo: 21,5 x 28 cm   PVP: 1.995 pts.

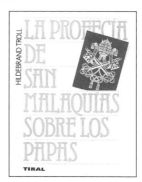

LA PROFECÍA DE SAN MALAQUÍAS SOBRE LOS PAPAS
de Hildebrand Troll

Texto íntegro y traducido directamente de la profecía que sobre los papas se atribuye a San Malaquías. Los comentarios referidos a cada lema papal convierten esta obra en un punto de referencia obligado. ¿Es cierto que el actual es el penúltimo papa?

Ref.: 102-999
Págs.: 106   PVP: 1.295 pts.

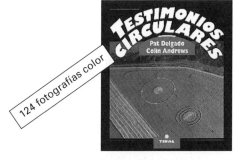

124 fotografías color

CIENCIAS OCULTAS
de Paola Giovetti

La autora de los best-seller esótericos *La puerta de la esperanza* y *El mensaje de los ángeles* nos propone en esta obra un acercamiento a las técnicas y artes ocultas, descubriéndonos las útlimas investigaciones en mediumnidad, ESP, videncia, etc.

Ref.: 103-999
Págs.: 256
Formato bolsillo: 12,5 x 20 cm
Fotografías en color
PVP: 1.495 pts.

TESTIMONIOS CIRCULARES
de Pat Delgado y Colin Andrews

Un clásico de la literatura ufológica, al haberse erigido como un ejemplo de investigación serena y objetiva. Los autores no emiten ninguna opinión, pero la gran cantidad de datos precisos provocará en el lector una firme toma de posición respecto de los misteriosos círculos del maíz aparecidos en Gran Bretaña.

Ref.: 104-999
Págs.: 188
Formato lujo: 19,5 x 21,5 cm
PVP: 1.295 pts.

RECOMENDADO

PARADOJAS PSÍQUICAS
de John Booth

Durante medio siglo John Booth ha recorrido todo el mundo dando conferencias y exhibiendo sus facultades mentales en supuestas demostraciones de poderes psíquicos. ¿Quién mejor que él para desenmascarar a los impostores que se aprovechan de nosotros?

Ref.: 105-999
Págs.: 288
PVP: 1.495 pts.

LA OTRA CARA DE LOS CUENTOS
de René-Lucien Rousseau

La obra definitiva que desvela la simbología de las narraciones populares y los cuentos de hadas. Las cuentos de Andersen, Grimm, Perrault, Carroll, etc. quedan descifrados de la mano de Rousseau, que muestra al sorprendido lector el tesoro escondido bajo los inocentes relatos.

Ref.: 106-999
Págs.: 240
PVP: 1.495 pts.

EL SECRETO DE LAS ESTRELLAS
de R. Culver y P. Ianna

Estos dos científicos americanos se enfrentan a la astrología como ciencia y a través de su prosa fluida y amena van derribando algunos mitos astrológicos muy extendidos. Obra imprescindible para los que quieran obtener un criterio serio y objetivo. ¿Es la astrología una ciencia o hay que considerarla como una pura superstición?

Ref.: 107-999
Págs.: 260   PVP: 1.495 pts.

CONÓZCASE POR SU SIGNO ASTRAL
de Joëlle de Gravelaine

Mediante el apasionante estudio de su signo astral, Joëlle de Gravelaine propone al lector que se atreva a conocerse un poco más. En una segunda parte muy original, la autora detalla el tipo de relaciones que pueden establecerse entre personas de distinto signo. ¿Con qué signos tiene Vd. más posibilidades de congeniar?

Ref.: 108-999
Págs.: 192   PVP: 1.495 pts.

VEREDICTO OVNI
de Robert Sheaffer

La obra definitiva para formarse un criterio cabal y objetivo sobre la ufología. Análisis desapasionado de los hechos y las circunstancias relacionados con la vida extraterrestre. ¿Por qué nadie hasta hoy ha rebatido las tesis de Sheaffer? Si Sheaffer defiende que los ovnis son un fraude, ¿por qué nadie ha demostrado que miente?

Ref.: 109-999
Págs.: 315   PVP: 1.495 pts.

MÉTODOS PARA DESCUBRIR SU FUTURO
de Giovanni Sciuto

Todos poseemos un don especial para, de alguna forma, vislumbrar el futuro. Sin embargo, debemos hallar el mejor sistema para que nuestras capacidades psíquicas puedan desarrollarse con eficacia. Todos los métodos expuestos de forma muy clara y práctica. El lector podrá escoger el método que más le convenga.

Ref.: 110-999
Págs.: 214   PVP: 1.495 pts.

LOS SUEÑOS QUE PUEDEN CAMBIAR SU VIDA
de Alan B. Siegel

Esta magnífica obra nos enseña a utilizar los sueños para descubrir nuestras necesidades ocultas y nuestros sentimientos subconscientes. En los momentos de mayor tensión de la vida, los sueños pueden ser un buen recurso al que acudir para intentar superar la situación.

La segunda parte de la obra proporciona al lector una serie de documentos que le ayudarán a recordar lo que sueña cada noche, a comprender los símbolos oníricos más importantes y comunes y a crear grupos orientados al análisis colectivo de sueños, una práctica que, siendo todavía poco conocida en España, se ha revelado como muy enriquecedora en otros países occidentales como Alemania y EEUU.

Ref.: 111-999
Págs.: 312   PVP: 1.495 pts.

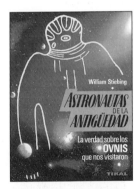

ASTRONAUTAS EN LA ANTIGÜEDAD
de William H. Stiebing

Pocas obras llegan a apasionar tanto como este relato que se lee como si se tratara de la más intrigante novela de aventuras. Stiebing, con su insaciable curiosidad, se pregunta sobre los extraterrestres que nos visitaron hace millones de años. Sus respuestas son sorprendentes y escandalosas.

Ref.: 112-999
Págs.: 218
PVP: 1.495 pts.

LOS ARCANOS DEL TAROT
de Colette H. Silvestre

Muchos son los libros que van mostrando al lector el significado genérico de cada uno de los Arcanos, pero pocas obras se detienen en lo que resulta más difícil: interpretar la relación que surge entre las cartas. Por eso el libro de Colette H. Silvestre es imprescindible si de verdad se pretende practicar el Tarot.

Ref.: 113-999
Págs.: 334
PVP: 1.495 pts.

FRAUDES PARANORMALES
de James Randi

Uno de los magos y escapistas más famosos del mundo se decide a poner sus conocimientos y experiencias al alcance de todos. En su apasionante obra, Randi desvela secretos sobre su trabajo y sobre sus más conocidos colegas. Algunas de sus revelaciones inéditas sorprenderán al lector.

Ref.: 114-999
Págs.: 354   PVP: 1.495 pts.

OFIUCO, ¿EL NUEVO SIGNO DEL ZODÍACO?
de Vicente Cassanya

Cassanya acude a la polémica creada por la Real Sociedad de Astrología de Londres, que afirma haber descubierto el decimotercer signo del Zodíaco, Ofiuco. ¿Cuáles son las bases de esta afirmación? ¿Qué consecuencias puede conllevar? ¿Ha variado su signo con la aparición de Ofiuco?

Ref. 115-999
Págs.: 128   PVP: 1.295 pts.

Ref.: 116-999
Págs.: 265   PVP: 1.495 pts.

PROFECÍAS DE LOS INDIOS AMERICANOS
de Scott Peterson

Peterson recoge y comenta las profecías y los mensajes de los pieles rojas y de los indios procedentes del centro y del sur de América. En todos los pueblos ha encontrado un trazo común: su amor a la Madre Tierra y su respeto hacia el ciclo de la vida. Nadie puede prescindir del mensaje de estos hombres buenos.

¿Anunciaron los antiguos calendarios mayas y aztecas un futuro colapso económico? ¿Ha empezado el gran ciclo de cambios en la Tierra? ¿Por qué son tantos los sabios pieles rojas que relacionaron la destrucción de la Tierra con el hombre blanco?

Profecías de los indios americanos es una mezcla de cultura, historia y biografía que nos ayudará a replantearnos el trato que dispensamos a nuestro entorno y nos dará a conocer unas tradiciones y culturas que tal vez puedan aún hoy salvarnos de la destrucción.

LAS PROFECÍAS DE NOSTRADAMUS COMENTADAS
Prólogo y comentarios de A. Mauri y F. d'Areau

Edición íntegra en versión bilingüe
Francés – Español

LAS PROFECÍAS DE NOSTRADAMUS COMENTADAS

Cada profecía está acompañada
por la clave para su interpretación

TIKAL

Versión completa en edición bilingüe francés-español de todas las centurias que escribió Michel de Notredame, conocido popularmente como Nostradamus. Debido a la intrincada prosa poética del autor y a su lenguaje conscientemente oscuro y hermético, cada profecía se acompaña de una clave para su comprensión e interpretación, a cargo de Angel Mauri y François d'Areau. Además de las ya clásicas y verificadas profecías sobre la reunificación alemana, la caída del imperio socialista, la Guerra del Golfo, etc., quien lea a Nostradamus con atención podrá vislumbrar algunos de los hechos que nos esperan en estos últimos años del siglo XX y en los primeros del XXI, tales como la expansión imparable del Islam, las guerras nacionalistas europeas o el increíble desarrollo de las energías nucleares en todo el planeta. Unos mensajes que no conviene dejar de tener en cuenta.

Ref.: 117-999
Págs.: 348   PVP: 1.495 pts.

CURSO PRÁCTICO DE RADIESTESIA
de Marc Aurivé

Lejos de los viejos tratados teóricos llenos de oscuras elucubraciones incomprensibles, el curso de Aurivé es moderno, práctico y muy bien adaptado a su objetivo: conseguir que el lector descubra sus facultades radiestésicas y sepa aplicarlas sin ayuda en la búsqueda de personas u objetos. Otros capítulos se dedican a la radiestesia ecológica, los juegos de azar, etc.

Ref.: 118-999
PVP: 1.495 pts.   Págs.: 226

LOS MUERTOS NO MUEREN
de Willem C. van Dam

¿Qué han experimentado las personas que han estado a las puertas de la muerte? ¿Qué han visto los que han pasado un periodo de tiempo clínicamente muertos? ¿Qué pueden contar los videntes sobre sus experiencias con el más allá? ¿Coinciden en algo los tres grupos? Un libro claro y clarificador.

Ref.: 119-999
PVP: 1.295 pts.   Págs.: 134

RECOMENDADO

NOVEDAD MUNDIAL

VIDA SECRETA DE LOS OBJETOS INANIMADOS
Lyall Watson

Lyall Watson es quizá el autor próximo a la Nueva Era con más proyección internacional. En esta obra sorprende al lector adentrándose por los vericuetos del alma de las cosas que no tienen vida. Un libro destinado a convertirse en clásico.

Ref.: 120-999
Págs.: 248
PVP: 1.495 pts.

EL GRAN SECRETO DE LA ESFINGE DE GIZAH
de Guy Gruais y Guy Mouny

La Gran Esfinge no es sólo un impresionante y bellísimo monumento. Gruais y Mouny demuestran en esta documentada obra que la Esfinge puede suponer el primer paso para averiguar el origen del hombre sobre la tierra. «Tantas casualidades no pueden ser obra del azar.»

Ref.: 121-999
Págs.: 216
PVP: 1.495 pts.

ÚLTIMAS NOVEDADES

Ref.: 122-999	— GRANDES MISTERIOS SIN RESOLVER	PVP: 1.295 pts.
Ref.: 123-999	— EL MENSAJE DE LA ESPERANZA. Paola Giovetti	PVP: 1.495 pts.
Ref.: 124-999	— VIAJE A LA CIENCIA. Asimov	PVP: 1.295 pts.
Ref.: 125-999	— LOS ENIGMAS SECRETOS DE LA ALQUIMIA	PVP: 1.495 pts.
Ref.: 126-999	— CRÓNICAS DEL FUTURO. Asimov	PVP: 1.295 pts.
Ref.: 127-999	— PROFECÍAS DE JUAN DE JERUSALÉN	PVP: 1.495 pts.
Ref.: 128-999	— LA NUEVA ERA	PVP: 1.295 pts.

Si no encuentra los libros que le interesan en su librería habitual, recorte o focopie este cupón y envíelo hoy mismo a:

TIKAL EDICIONES
Apartado de correos 181
17080 Girona

☐ Envíenme de inmediato los títulos que indico a continuación. Pagaré el total más 350 pts. de gastos de envío en la forma que especifico más abajo.

Ref.	Nº ej.	Título	Pts.
		Subtotal	
		+350 pts.	
		TOTAL	

Forma de pago:

☐ Contrarreembolso.

APELLIDOS: ——————————————————————

NOMBRE: ————————————————————————

CALLE O PL.: ———————————————— Nº———— Piso ————

POBLACIÓN: ———————————————— CP ————————

PROVINCIA: ———————————— TEL. ————————————

Firma

☐ No quiero comprar ningún libro ahora, pero deseo que me tengan informado, sin ningún compromiso por mi parte, de las novedades que vayan publicando.